German Through Pictures, Book 1, is one book in a language series for beginners published by Washington Square Press, Inc. Other languages in this series on which books have been published are English, French, Hebrew, Italian and Spanish.

Here you will find a small, careful selection of the most widely useful German words put into key patterns so that you will be able quickly to master and apply them. These common words in their common sentence forms are made clear to you page by page with the help of pictures.

For students using this book we suggest, as a general aid, *Langenscheidt's German-English, English-German Dictionary* (W0967–75¢).

GERMAN

THROUGH PICTURES

BOOK 1

by

I. A. RICHARDS · I. SCHMIDT MACKEY

W. F. MACKEY · CHRISTINE GIBSON

WASHINGTON SQUARE PRESS   NEW YORK

GERMAN THROUGH PICTURES, BOOK 1

A *Washington Square Press* edition
1st printing........................March, 1953
21st printing.....................November, 1969

L

Published by Washington Square Press,
a division of Simon & Schuster, Inc., 630 Fifth Avenue, New York, N.Y.

WASHINGTON SQUARE PRESS editions are distributed in the
U.S. by Simon & Schuster, Inc., 630 Fifth Avenue, New
York, N.Y. 10020 and in Canada by Simon & Schuster
of Canada, Ltd., Richmond Hill, Ontario, Canada.

Standard Book Number: 671-46886-3.
Copyright, 1953, by Language Research, Inc. Printed in the U.S.A.

CONTENTS

SUGGESTIONS TO THE BEGINNER

You can go a long way in learning everyday German through this book. Seven hundred of the most widely useful words in the new language are put to work for you in key syntax patterns so that you will not find them difficult to master and apply. These common words in their common sentence forms are made clear to you page by page with the help of pictures. Read each page from left to right, 1-2, and then from left to right again in the two lower frames, 3-4.

1	2
3	4

As you work with the book you will see that each page is part of a larger design, building systematically upon the pages which go before it. Moreover, each page has its own organic relations between its several parts. The individual frames, 1, 2, 3 and 4, become comprehensible to you with the help of one another. Study the pictures on a page and you will see as you examine the sentences which accompany them how the sentences change with the details in the pictures, and why. Follow the sequence to find out what the sentences say. New words will take on meaning as you proceed, and your knowledge of the language will develop.

SUGGESTIONS TO THE BEGINNER

You will notice that the new items on this page are mastered without recourse to an English translation or to a bilingual dictionary. While you are working along from page to page, comparing pictures and sentences and getting new meanings clear, it is well to keep your own language as far as possible out of your mind. *Don't translate.* If you do, the sounds, the sentence forms and the meaning patterns of English will get in your way and make your learning of German more difficult.

What has been said so far about your attack upon the new language refers to eye-learning, visual comprehension. The best aid to pronunciation is of course a teacher with a native speaker's command of German to supply you with models and correct you where you go wrong. The next best help is a series of good phonograph records with pauses for you to fill with your best imitations. Information about such a set for this book may be obtained from the authors at 13 Kirkland Street, Cambridge, Massachusetts, or from Educational Services, 1702 K Street, N. W., Washington 6, D. C. But even without records or a teacher, much help can be got through careful study of the descriptions of German sounds which follow, and an intelligent, alert use of the indications of pronunciation given on Pages *ix-xii.* A word of warning, however, is in place. If you have not carefully taken in and mastered these aids, do not vocalize the German in your study. By reading the German as if it were English you can form habits which will be a hindrance to you later. Be content to develop at first only a reading and writing knowledge of German unless you are able to make the extra effort of a really serious attack on the pronunciation. If not, postpone that until you have your teacher or records, and confine yourself to silent reading.

English-speaking people have a good chance of acquiring an acceptable German pronunciation because there are few unfamiliar sounds to learn. Besides, German unlike English spelling is fairly consistent. So once you get acquainted with German spelling conventions you will know how words should be pronounced when you see them in print. The pronunciation described in what follows is that of the stage, the radio and the film. It is in several respects a minority pronunciation, but it is readily understood wherever German is spoken.

VOWEL SOUNDS

One thing to keep in mind is that all German vowels are pure vowels. You will pronounce the vowel sound of, e.g. *froh* correctly if you keep jaw, lips and tongue steady while you are articulating the sound. If you move your jaw and let your lips come closer together, you will get the *ou* sound of, e.g. *go*. German vowels are either long or short.

Long Vowels

A sounds like the English *a* in *father*, e.g. *Vater, Nase, Frage.*

E is like the sound of *e* in *eight*, e.g. *geben, Regen.*

I sounds like the English *i* in *machine*, e.g. *ihre, ihm.*

O is like the beginning of the *o* sound in *go*, e.g. *rot, gross.*

U is like the *u* in *rule*, e.g. *Hut, Fuss.*

Short Vowels

A sounds like the first *a* of *aha*, e.g. *hatte, Flasche.*

E is like the *e* in *get*, e.g. *Geld, Brett.*

I is like the *i* in *pin,* e.g. *in, Schiff, Tisch.*

O is like the *o* in *got,* e.g. *offen, Kopf.*

U is like the *u* in *put,* e.g. *unter, Hund.*

In most cases, spelling will tell you whether to pronounce a vowel long or short. A vowel is long if it is:

a) doubled, e.g. *Haar, Meer.*

b) followed by an *h,* which is always silent, e.g. *ihn, Uhr.*

c) separated from the next vowel by a single consonant, e.g. *Frage, Boden.*

The letter combination *ie* stands for the long *i* sound of *machine,* e.g. *hier.*

A vowel is short if followed by more than one consonant, e.g. *Mann, Geld.* An *e* at the end of a word, e.g. *hatte* or in an unstressed final syllable, e.g. *Fenster, Bruder* is slurred like the *e* in *mother* or the last *a* in *banana.*

Three vowel sounds with long and short values are represented by two dots over the vowel symbol *ä, ö, ü.* Long *ä,* e.g. *Käse* sounds like the *a* of *care;* short *ä,* e.g. *Männer* like the *a* of *cat.* The sounds indicated by *ö* and *ü* may give you some trouble at the beginning because they do not occur in English. You will hit upon the *ö* sound of, e.g. *grösser* by pronouncing German *e* with the lips rounded as for *o.* Its French equivalent is the *eu* sound of *feu.* To get the *ü* sound of, e.g. *über* try to articulate German *i* with lips rounded as for *u.* If you know French pronounce it like the *û* of *sûr.*

The letter combination *ei (ai),* e.g. *mein, Mai* is pronounced like the *i* of *mine; au,* e.g. *Frau, Haus* approximately like the *ou* of *house; äu (eu),* e.g. *Häuser, neun* like the *oi* of *boil.*

CONSONANT SOUNDS

The sounds represented by *b, d, f, h, k, l, m, n, p, qu, t, x* have practically the same values as in English. The main differences between German and English consonant sounds and consonant symbols are:

CH after *a, o, u,* e.g. *Nacht, Loch* stands for the harsh guttural sound of Scots *loch;* after *e, i,* or a consonant, e.g. *ich, nicht* it sounds like the *h* of *hue.*

CK equals *kk,* e.g. *Deckel, Socke.*

G sounds like the *g* of *go,* e.g. *Geld, gut.* In the ending *-ig,* e.g. *dreissig, schmutzig* it has the same value as *ch* in *ich.*

J sounds like the *y* of *yes,* e.g. *ja, Jahr.*

KN is always pronounced like *kn* in *darkness,* e.g. *Knie, Knopf.*

NG sounds like the *ng* of *singer,* never like the *ng* of *finger,* e.g. *länger, Finger.*

PF is pronounced like *pf* in *cupful,* e.g. *Pferd, Kopf.*

R as practiced by actors, singers and radio announcers is the trilled *r* of the Scot or the Italian. It is made with the tip of the tongue. Most Germans produce their *r* by vibrating the uvula against the back of the tongue.

S at the beginning of a word, e.g. *sie, Seite* or between two vowels, e.g. *lesen, Nase* is pronounced like the *z* of *zero;* before *p* and *t,* e.g. *Stuhl, Spiegel* like the *sh* of *shine;* elsewhere, e.g. *ist* like the *s* in *yes.*

SCH has the same value as *sh* in *ship*, e.g. *Schiff, Schuh.*

-TI- in foreign words is pronounced *tsi*, e.g. *Nation.*

V in native German words, e.g. *Vater, vier* is pronounced like *f;* in words of Latin origin, e.g. *November* like the *v* of *vain.*

W equals English *v*, e.g. *Wasser, Wind.*

Z (TZ) is always pronounced like the *ts* of *cats*, e.g. *Zimmer, schmutzig.*

B, d, g in final position have the values of *p, t, k.* Thus the *g* of *des Tages* is the *g* of *get*, but *der Tag* is pronounced *,,der Tak''*, *gelb* becomes *,,gelp''*, *das Hemd* *,,das Hemt''.*

STRESS

Simple German words are stressed on the first syllable. In words beginning with the prefixes *be-, em-, ent-, er-, ge-, ver-, zer-*, the stress is on the basic element, e.g. *Entfer'nung.* Words of foreign origin are often stressed on the last syllable, e.g. *Musik', April'.*

German is printed in both Roman and Gothic letters. All technical and scientific literature appears in the Roman garb. The Germans also maintain a distinctive type of handwriting (p. 141), side by side with what we practice, and label all nouns with a capital, e.g. *der Mann, das Haus*. Here are the Gothic letters with their Roman equivalents:

𝔄	𝔞	A	a	𝔑	𝔫	N	n
𝔅	𝔟	B	b	𝔒	𝔬	O	o
ℭ	𝔠	C	c	𝔓	𝔭	P	p
𝔇	𝔡	D	d	𝔔	𝔮	Q	q
𝔈	𝔢	E	e	𝔕	𝔯	R	r
𝔉	𝔣	F	f	𝔖	ſs	S	s
𝔊	𝔤	G	g	𝔗	𝔱	T	t
𝔥	𝔥	H	h	𝔘	𝔲	U	u
ℑ	𝔦	I	i	𝔙	𝔳	V	v
ℑ	𝔧	J	j	𝔚	𝔴	W	w
𝔎	𝔨	K	k	𝔛	𝔵	X	x
𝔏	𝔩	L	l	𝔜	𝔶	Y	y
𝔐	𝔪	M	m	𝔷	𝔷	Z	z

GERMAN

THROUGH PICTURES
BOOK 1

Das ist eine Flasche.

Die Flasche ist hier.

Das ist ein Stuhl.

Der Stuhl ist dort.

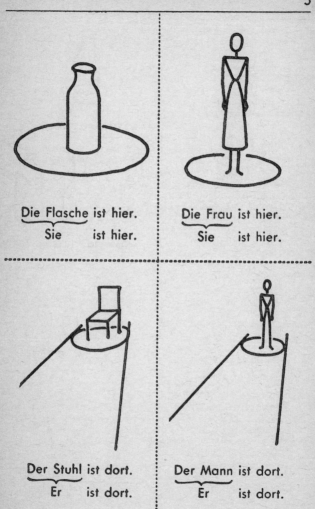

Die Flasche ist hier.
Sie ist hier.

Die Frau ist hier.
Sie ist hier.

Der Stuhl ist dort.
Er ist dort.

Der Mann ist dort.
Er ist dort.

Das ist ein Hut.

Das ist eine Flasche.

Das sind Hüte.

Das sind Flaschen.

Die Hüte sind hier.
Sie sind hier.

Die Flaschen sind dort.
Sie sind dort.

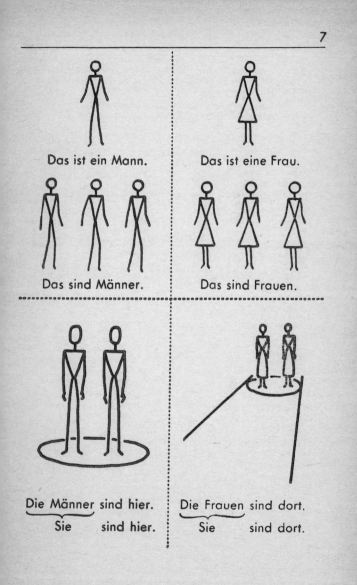

Das ist ein Mann.

Das ist eine Frau.

Das sind Männer.

Das sind Frauen.

Die Männer sind hier.

Sie sind hier.

Die Frauen sind dort.

Sie sind dort.

9

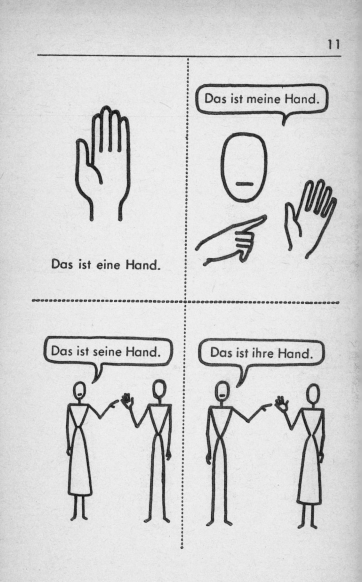

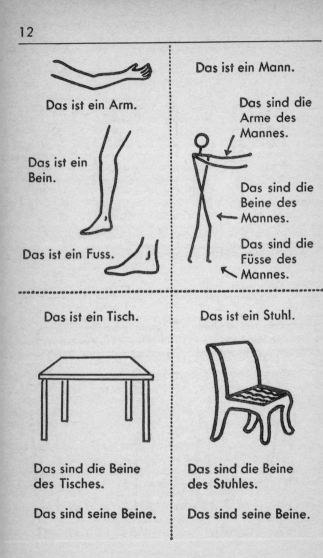

Das ist ein Arm.

Das ist ein Mann.

Das ist ein Bein.

Das sind die Arme des Mannes.

Das sind die Beine des Mannes.

Das ist ein Fuss.

Das sind die Füsse des Mannes.

Das ist ein Tisch.

Das ist ein Stuhl.

Das sind die Beine des Tisches.

Das sind seine Beine.

Das sind die Beine des Stuhles.

Das sind seine Beine.

Das ist ein Glas.

Das sind Gläser.

Das Glas ist hier.
Es ist hier.

Die Gläser sind dort.
Sie sind dort.

Das ist ein Buch.

Das sind Bücher.

Das Buch ist hier.
Es ist hier.

Die Bücher sind dort.
Sie sind dort.

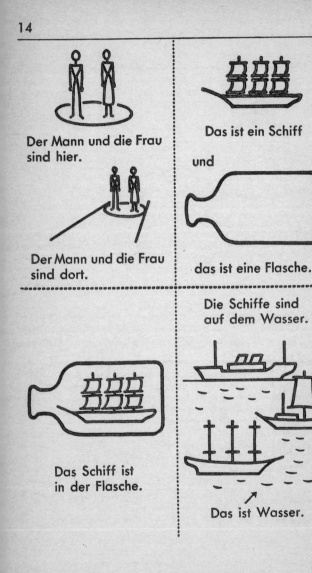

Der Mann und die Frau sind hier.

Der Mann und die Frau sind dort.

Das ist ein Schiff

und

das ist eine Flasche.

Die Schiffe sind auf dem Wasser.

Das Schiff ist in der Flasche.

Das ist Wasser.

Das Wasser ist
in der Flasche.

Das Glas ist auf
dem Tisch.

Das Glas und die
Flasche sind auf
dem Tisch.

Das Wasser ist in
der Flasche.

Das Wasser ist im
(=in dem) Glas.
Es ist im Glas.

Das Mädchen hat
ein Glas.

Der Junge hat eine
Flasche.

Die Frau hat ein Buch.

Der Mann hat einen Hut.

Der Hut des Mannes
ist auf dem Tisch.

Er wird seinen Hut
vom Tisch nehmen.

Er nimmt den Hut
vom Tisch.

Er nahm ihn vom Tisch.
Er hat den Hut in der
Hand.

Er wird dem Mann
seinen Hut geben.

Er gibt dem Mann
seinen Hut.

Er gab dem Mann
seinen Hut.

Der Mann hat den Hut
in den Händen.

Der Mann wird der Frau seinen Hut geben.

Er gibt der Frau seinen Hut.

Er gab der Frau seinen Hut.

Die Frau hat den Hut des Mannes in den Händen.

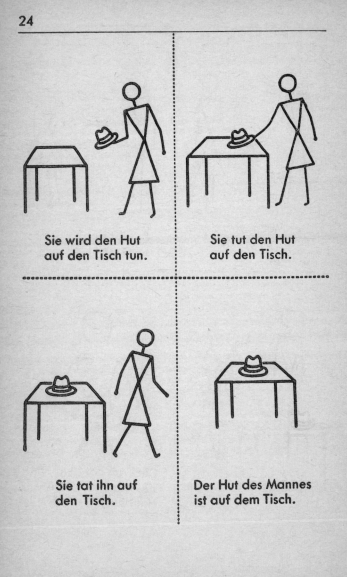

Sie wird den Hut
auf den Tisch tun.

Sie tut den Hut
auf den Tisch.

Sie tat ihn auf
den Tisch.

Der Hut des Mannes
ist auf dem Tisch.

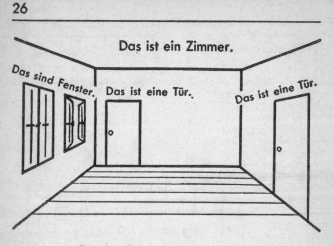

Das ist ein Zimmer.

Das sind Fenster. Das ist eine Tür. Das ist eine Tür.

Das ist der Boden des Zimmers.

Das sind die Fenster des Zimmers.

Das ist ein Fenster und das ist ein Fenster.

Dieses Fenster
ist offen.

Dieses Fenster
ist geschlossen.

Das ist eine Tür   und   das ist eine Tür.

Diese Tür ist offen.   Diese Tür ist geschlossen.

Das ist
eine Wand.

Und das ist
eine Wand.

Das ist ein
Bild.

Es ist an
der Wand.

Das ist der Boden.

Das ist das Bild eines
Mannes und einer Frau.

Das ist die Schnur
des Bildes.

Das ist
ein Haken.

Das ist der Rahmen
des Bildes.

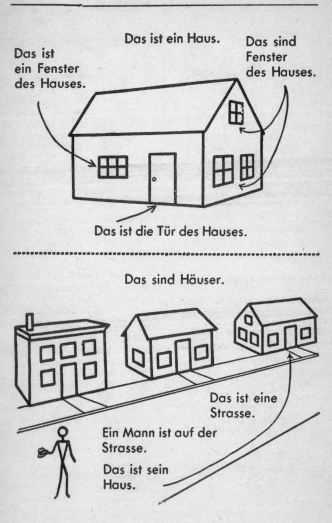

Das ist ein Haus.

Das ist
ein Fenster
des Hauses.

Das sind
Fenster
des Hauses.

Das ist die Tür des Hauses.

Das sind Häuser.

Das ist eine
Strasse.

Ein Mann ist auf der
Strasse.

Das ist sein
Haus.

Der Mann ist hier.
Sein Haus ist dort.
Er wird dorthin gehen.

Er geht dorthin.

Er ging
dorthin.
Er ist dort.
Er ist bei
seinem Haus.
Wo war
er?

Wo ist er?
Er ist an der Tür.
Er ist an der Tür
seines Hauses.

Er war hier.

Was ist das?

"Was ist das?" ist eine
Frage.

"Das ist ein Hut" ist
eine Antwort.

Das ist ein Hut.

"Ist das ein Hut?"
Das ist eine Frage.

"Ist das Wasser in der
Flasche?"
Das ist eine
Frage.

"Ja, das ist ein Hut."
Das ist eine Antwort.

"Nein, das Wasser ist
nicht in der Flasche.
Es ist im Glas."
Das ist eine Antwort.

FRAGEN

a. Was ist das?
   Das ist . . .

b. Was ist das?

c. Was ist das?

d. Was ist das?

e. Was ist das?

f. Was ist das?

g. Was ist das?

h. Was ist das?

Das ist Seite 31. Die Antworten sind auf Seite 34.

FRAGEN

a. Was sind das?

Und was ist das?

b. Was sind das?

Und was ist das?

c. Was sind das?

Und was ist das?

d. Was sind das?

Und was ist das?

e. Was sind das?

Und was ist das?

f. Was ist das?

Und was ist das?

g. Was sind das?

Und was ist das?

h. Was ist das?

Was ist im Zimmer?

Das ist Seite 32. Die Antworten sind auf Seite 34.

FRAGEN

a. Ist der Hut
   auf dem Tisch?

b. Ist der Mann im
   Zimmer?

c. Ist das Bild an
   der Wand?

d. Ist die Flasche
   auf dem Tisch?

e. Hat die Frau das
   Glas in der Hand?

f. Ist das Wasser im
   Glas?

g. Ist das Schiff
   in einer Flasche?

h. Sind der Mann und
   die Frau an der Tür?

Das ist Seite 33. Die Antworten sind auf Seite 34.

Das sind die Antworten auf die Fragen von Seite
31, 32 und 33. Das ist Seite 34.

Seite 31

a. Das ist ein Haus.

b. Das ist ein Schiff.

c. Das ist ein Tisch.

d. Das ist eine Flasche

e. Das ist ein Bein.

f. Das ist ein Arm.

g. Das ist das Bein
   eines Tisches.

h. Das ist das Bein
   eines Stuhles.

Seite 32

a. Das sind Männer.
   Das ist eine Frau.

b. Das sind Gläser.
   Das ist ein Glas.

c. Das sind Flaschen.
   Das ist eine Flasche.

d. Das sind Fenster.
   Das ist eine Tür.

e. Das sind Häuser.
   Das ist eine Strasse.

f. Das ist ein Bild.
   Das ist der Rahmen
   des Bildes.

g. Das sind Füsse.
   Das ist ein Fuss.

h. Das ist ein Zimmer.
   Ein Tisch ist im Zimmer.

Seite 33

a. Ja, er ist auf dem Tisch.

b. Ja, er ist im Zimmer.

c. Nein, es ist nicht
   an der Wand.
   Es ist auf dem Boden.

d. Nein, sie ist nicht
   auf dem Tisch.
   Sie ist auf dem Boden.

e. Nein, sie hat das Glas
   nicht in der Hand.
   Der Mann hat es in
   der Hand.

f. Nein, es ist nicht
   im Glas.

g. Nein. Es ist auf
   dem Wasser.

h. Ja, sie sind an der Tür.

Was ist das?

Das ist eine Uhr.
Wieviel Uhr ist es?
Es ist ein (1) Uhr.

Wieviel Uhr ist es?
Es ist zwei (2) Uhr.

Wieviel Uhr ist es?
Es ist vier (4) Uhr.

Wieviel Uhr ist es?
Es ist sechs (6) Uhr.

Wieviel Uhr ist es?
Es ist acht (8) Uhr.
Es ist acht (8).
Es war sieben (7).
Es wird neun (9) sein.

Wieviel Uhr ist es?
Es ist zehn (10).
Es war neun (9).
Es wird elf (11) sein.

Wieviel Uhr ist es?
Es ist zwölf (12).
Es war elf (11).
Es wird eins (1) sein.

Eins (1), zwei (2),
drei (3), vier (4),
fünf (5), sechs (6),
sieben (7), acht (8),
neun (9), zehn (10),
elf (11), zwölf (12).

Was sind Dinge?

Ein Haus ist ein Ding.
Häuser sind Dinge.

Ein Hut ist ein Ding.
Hüte sind Dinge.

Fenster und Türen
sind Dinge.
Tische und Stühle
sind Dinge.

Das ist ein
Mann.

Das ist →
eine Frau.

Das ist →
ein Junge.

Das ist ein
Mädchen.

Männer und Frauen,
Jungen und Mädchen
sind Personen.

In diesem Zimmer sind
zwei Personen.
Die Personen sind ein
Junge und ein Mädchen:
Anna und Wilhelm.

Anna ist an der Tür.
Wilhelm ist am
(=an dem) Fenster.
Er ist am Fenster.

Anna wird zum (=zu
dem) Fenster gehen.
Sie wird zum Fenster
gehen.

Anna geht zum Fenster.
Wo war sie?

Sie war an der Tür.

Sie ging zum Fenster.
Wo ist sie?
Sie ist am Fenster.

Sie ist mit dem Jungen
am Fenster.

Anna und Wilhelm sind
am Fenster.
Sie sind zusammen.
Sie ist bei ihm.
Er ist bei ihr.

Sie sind zusammen
am Fenster.

Diese Bücher sind
zusammen auf einem
Brett.

Das ist ein Brett.
Es ist ein Bücherbrett.

Diese Bücher sind nicht
zusammen.
Sie sind auf einem
Brett, aber sie sind
nicht zusammen.

Anna und Wilhelm
werden vom Fenster
zur (=zu der) Tür
gehen.

Sie gehen vom
Fenster zur Tür.

Sie werden vom
Fenster zur Tür
gehen.

Sie waren am Fenster.

Sie gingen zur Tür.
Er ging mit ihr und
sie ging mit ihm.
Sie gingen zusammen
zur Tür.

Anna ist wieder an
der Tür.
Wilhelm ist mit ihr.
Sie sind zusammen
an der Tür.

Das ist mein Kopf.

Das ist ihr Kopf.

Das sind meine Augen.

Ihre Augen sind offen.

Das ist ein Auge.

Das ist das andere Auge.

Ihre Augen sind geschlossen.

Meine Augen sind
offen.
Ich sehe.

Ihre Augen sind
geschlossen.
Sie sieht nicht.

Ihre Augen sind offen.
Sie sieht.
Was sieht sie?
Sie sieht mich.

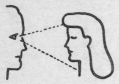

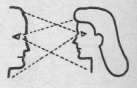

Ich sehe sie.
Sie sieht mich
nicht.

Ich sehe sie.
Sie sieht mich.
Unsere Augen sind
offen.

Ihre Augen sind offen.

Sie sieht.

Ihre Augen waren
geschlossen.

Sie sah nicht.
Sie sah mich nicht.

Ihre Augen sind
geschlossen.

Sie waren offen.
Sie sah.
Was sah sie?

Sie sah mich.

Was sehen Sie?
Ich sehe ein Schiff.
Was haben Sie in der Hand?
Augengläser.
Sehen Sie das Schiff?
Ja, ich sehe das Schiff.

Ein Mann hat zwei
Augen.
Ich habe zwei Augen.

Das sind meine Augen.

Ein Mann hat eine Nase.
Ich habe eine Nase.

Das ist
meine Nase.

Ein Mann hat einen
Mund.
Ich habe einen Mund.

Das ist mein Mund.

Der Mund dieses
Mannes ist offen.
Er sagt: „Mund."

Sein Mund ist
geschlossen.

Er sagt nichts.

Sein Mund ist
geschlossen.
Er wird „Mund"
sagen.

Mund.

Er sagt: „Mund."
Sein Mund ist
offen.

Er sagte: „Mund."
Sein Mund ist
wieder geschlossen.
Er sagt nichts.

Das sind drei Bücher.

Sie sind auf einem Bücherbrett.

Ich habe das Buch in der Hand.
Es war auf dem Bücherbrett.

Dieses Buch ist zwischen den andern zwei Büchern.

Es war zwischen den andern zwei Büchern.

Das sind die Seiten des Buches.

Das sind die Finger meiner Hand.

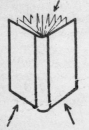

Das ist der Daumen.

Das sind die Deckel des Buches.
Die Seiten sind zwischen den Deckeln des Buches.

Dieser Finger ist zwischen diesen zwei Fingern meiner Hand.

Die Nase ist zwischen
den Augen.

Sie ist zwischen den
Augen und dem Mund.

Der Mund ist unter
der Nase.

Die Nase ist über
dem Mund.

Das Licht ist über
dem Tisch.

Der Hund ist unter
dem Tisch.

Das ist eine Uhr.

Sie ist an der Wand.
Sie ist über den
Bücherbrettern.

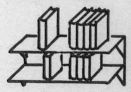

Die Bücherbretter
sind unter der Uhr.

Das ist das
Haar eines
Mannes.
Es ist kurz.

 Das ist das
Haar einer
Frau.
Es ist lang.

Das sind seine
Ohren.

Wo sind ihre Ohren?

Sie sind unter
ihrem Haar.

Das ist der Kopf
eines Mannes.

Das ist
sein
Gesicht.

Die Augen, die
Nase und der
Mund sind Teile
des Gesichts.

Das ist eine Uhr.

Die Uhr hat zwei Zeiger.

Einen grossen
Zeiger
und
einen kleinen
Zeiger.

Der grosse Zeiger ist
auf fünf. Der kleine
Zeiger ist zwischen
sieben und acht.

Wo ist der kleine
Zeiger?

Der kleine Zeiger ist
auf zehn.
Wo ist der grosse
Zeiger?
Der grosse Zeiger ist
auf eins.
Es ist zehn Uhr fünf
Minuten (10:05).

Die zwei Zeiger sind
auf zwölf.

Es ist Mittag.

Die zwei Zeiger sind
wieder auf zwölf.

Es ist Mitternacht.

Der grosse Zeiger der
Uhr ist zwischen eins
und zwei.

Zwei ist zwischen
eins und drei.
Drei ist zwischen
zwei und vier.
Neun ist zwischen
acht und zehn.

Ich habe ein Buch
in den Händen.
Es war auf dem
Bücherbrett.
Es war zwischen den
andern zwei Büchern.

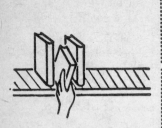

Jetzt ist es zwischen
den andern zwei
Büchern.
Jetzt ist es wieder auf
dem Bücherbrett.

Ich habe das Buch
in der Hand.
Ich werde es zwischen
die andern zwei
Bücher tun.

Ich hatte es in der
Hand.
Jetzt habe ich es nicht
in der Hand.
Wo ist es?

Das ist ein Zimmer.

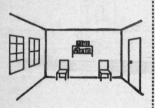

Was sehen Sie in
diesem Zimmer?
Sehen Sie den
Boden und die drei
Wände des Zimmers?

Sehen Sie eine Tür und
zwei Fenster?
Ist ein Fenster offen?
Ist das andere Fenster
geschlossen?
Sehen Sie die zwei
Stühle und die
Bücherbretter
zwischen ihnen?
Diese Dinge sind im
Zimmer.
Das Zimmer ist in einem
Haus.

Das ist ein Mann.

Wo ist sein Kopf?

Wo sind seine Arme?

Wo sind seine Beine?

Wo sind seine Füsse?

Hier ist sein Kopf.

Hier sind seine Arme.

Hier sind seine Beine.

Hier sind seine Füsse.

Der Kopf, die Arme, die Beine und die Füsse sind Teile des Körpers.

Das ist ein Gesicht.

Die Augen, die Nase und der Mund sind Teile des Gesichts.

Wo sind die Augen?
Wo ist die Nase?
Wo ist der Mund?

Das sind meine Hände.

Wo ist meine rechte Hand?
Wo ist meine linke Hand?

Wo sind meine Daumen?
Wo sind meine Finger?

Das ist eine Frau.

Das ist ihr Kopf.

Das sind ihre Arme.

Das sind ihre Beine.

Das sind ihre Füsse.

Der Kopf, die Arme, die Beine und die Füsse sind Teile ihres Körpers.

Dieser Junge hat einen Körper.

Dieses Mädchen hat einen Körper.

Alle Männer und Frauen, alle Jungen und Mädchen haben Körper.

Der Hund hat einen Körper. Das ist sein Schwanz.

Das ist sein Körper.

Er hat vier Beine, einen Kopf und einen Schwanz.
Der Kopf, die Beine und der Schwanz sind Teile seines Körpers.

Das ist der Kopf eines Hundes.

Wo sind seine Ohren?
Wo sind seine Augen?

Das ist ein Fuss.

Das ist ein Bein.

Das ist ein Knie.

Das sind Zehen.

Die Zehen sind Teile des Fusses.

Das ist eine Zehe.

Das Knie ist ein Teil des Beines. Die Beine sind Teile des Körpers.

Das ist der Kopf eines Mannes.

Das ist der Hals.

Der Hals ist ein Teil des Körpers. Er ist unter dem Kopf.

Das ist sein Kinn. Es ist unter dem Mund. Das Kinn ist ein Teil des Gesichts.

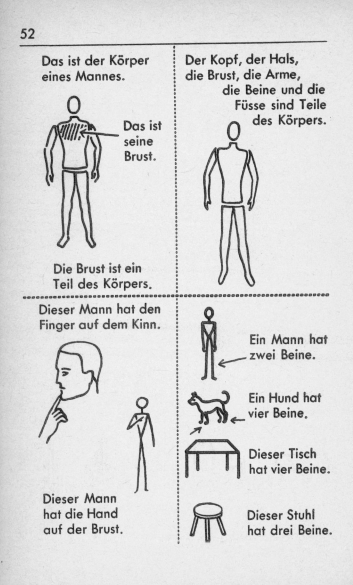

Das ist der Körper
eines Mannes.

Das ist
seine
Brust.

Die Brust ist ein
Teil des Körpers.

Der Kopf, der Hals,
die Brust, die Arme,
die Beine und die
Füsse sind Teile
des Körpers.

Dieser Mann hat den
Finger auf dem Kinn.

Dieser Mann
hat die Hand
auf der Brust.

Ein Mann hat
zwei Beine.

Ein Hund hat
vier Beine.

Dieser Tisch
hat vier Beine.

Dieser Stuhl
hat drei Beine.

FRAGEN Wo ist der Hund?

Die Antworten auf diese Fragen sind auf Seite 57.

FRAGEN   Was sehen Sie?

a.

b.

c.

d.

e.

f.

g.

h.

Die Antworten auf diese Fragen sind auf Seite 57.

FRAGEN   Was sagt er?

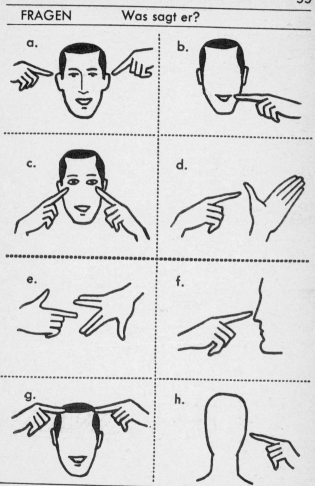

a.

b.

c.

d.

e.

f.

g.

h.

Die Antworten auf diese Fragen sind auf Seite 58.

FRAGEN   Was sehen Sie?

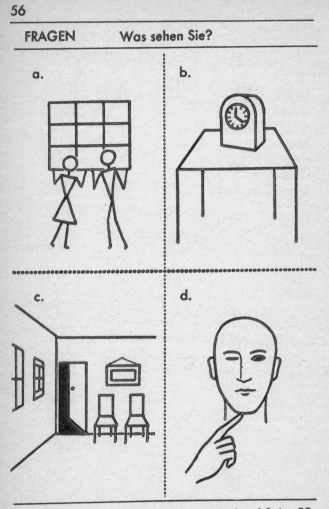

a.

b.

c.

d.

Die Antworten auf diese Fragen sind auf Seite 58.

Antworten auf die Fragen von Seite 53-54.

Seite 53

a. Der Hund ist im Zimmer.

b. Er ist an der Tür.

c. Er ist am Fenster.

d. Er ist unter dem Stuhl.

e. Er ist unter dem Tisch.

f. Er ist auf dem Tisch.

g. Er ist zwischen dem Tisch und dem Stuhl.

h. Er ist auf dem Stuhl.

Seite 54

a. Ich sehe eine Uhr. Es ist vier Uhr.

b. Ich sehe den Kopf eines Mannes.

c. Ich sehe den Kopf einer Frau.

d. Ich sehe den Kopf eines Hundes.

e. Ich sehe zwei Bücher. Das eine Buch ist offen. Das andere Buch ist geschlossen.

f. Ich sehe zwei Mädchen. Das eine Mädchen gibt dem andern Mädchen ein Buch.

g. Ich sehe ein Mädchen und einen Jungen an der Tür.

h. Ich sehe ein Bücherbrett. Auf dem Bücherbrett sind Bücher.

Antworten auf die Fragen von Seite 55-56.

Seite 55

a. Er sagt: „Das sind meine Ohren."

b. Er sagt: „Das ist mein Mund."

c. Er sagt: „Das sind meine Augen."

d. Er sagt: „Das ist mein Daumen."

e. Er sagt: „Dieser Finger ist zwischen diesen Fingern."

f. Er sagt: „Das ist meine Nase."

g. Er sagt: „Das ist mein Haar."

h. Er sagt: „Das ist mein Kopf."

Seite 56

a. Ich sehe einen Jungen und ein Mädchen. Sie sind zusammen am Fenster.

b. Ich sehe eine Uhr auf dem Tisch. Es ist vier Uhr.

c. Ich sehe ein Zimmer. Unter einem Bild sind zwei Stühle. Das Zimmer hat zwei Fenster und eine Tür. Das eine Fenster ist offen. Das andere Fenster ist geschlossen. Die Tür des Zimmers ist offen. An der Wand ist ein Bild.

d. Ich sehe den Kopf eines Mannes. Er hat den Finger auf dem Kinn. Sein linkes Auge ist offen. Sein rechtes Auge ist geschlossen. Sein Mund ist geschlossen.

Wer ist das?
Das ist Josef Schmidt.
Sein Name ist Josef
Schmidt.

Das ist
eine Tasche.

Wo ist Herr Schmidt?
Er ist an der Tür
seines Hauses.

Herr Schmidt tut die
Hand in die Tasche.

Er nimmt einen
Schlüssel aus
der Tasche.

Das ist ein Schlüssel.

Das sind andere
Schlüssel.

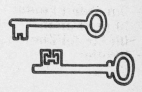

Er hat den Schlüssel
in der Hand.

Er tut den Schlüssel
in das Schlüsselloch.

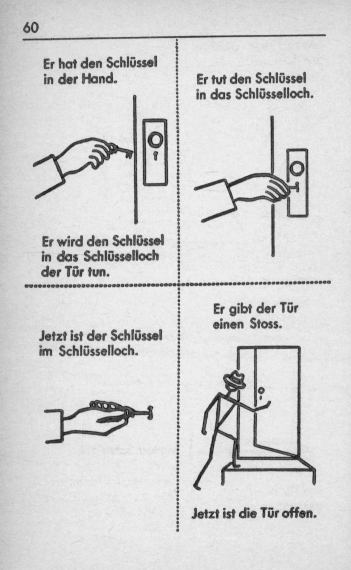

Er wird den Schlüssel
in das Schlüsselloch
der Tür tun.

Jetzt ist der Schlüssel
im Schlüsselloch.

Er gibt der Tür
einen Stoss.

Jetzt ist die Tür offen.

Jetzt tut Herr Schmidt
den Schlüssel in die
Tasche.

Jetzt geht Herr
Schmidt in sein Haus.

Der Schlüssel war im
Schlüsselloch.
Jetzt ist er wieder
in der Tasche.

Er ging in sein Haus.
Jetzt ist er im Haus.

Das ist ein Zimmer in
seinem Haus.

Die Tür ist wieder
geschlossen.

Ist Herr Schmidt im
Zimmer?
Nein, er ist nicht im
Zimmer, aber er wird ins
(=in das) Zimmer
kommen.

62

Jetzt kommt Herr
Schmidt ins Zimmer.

Er kam ins Zimmer.
Er ging zum Tisch.

Er geht zum Tisch.

Er wird seinen Hut auf
den Tisch tun.

Ist sein Hut jetzt auf
dem Tisch?
Nein, er ist nicht auf
dem Tisch.

Sie ist in einem
andern Zimmer des
Hauses.

Ist Frau Schmidt im
Zimmer?
Nein, sie ist nicht
im Zimmer.
Wo ist sie?

Wer ist das?
Das ist Frau Schmidt.
Ihr Name ist Helene
Schmidt.

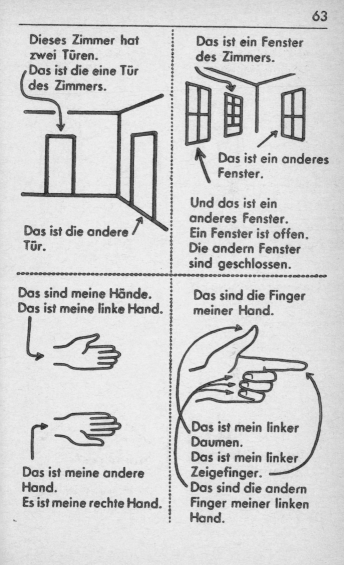

Dieses Zimmer hat zwei Türen.
Das ist die eine Tür des Zimmers.

Das ist die andere Tür.

Das ist ein Fenster des Zimmers.

Das ist ein anderes Fenster.

Und das ist ein anderes Fenster.
Ein Fenster ist offen.
Die andern Fenster sind geschlossen.

Das sind meine Hände.
Das ist meine linke Hand.

Das ist meine andere Hand.
Es ist meine rechte Hand.

Das sind die Finger meiner Hand.

Das ist mein linker Daumen.
Das ist mein linker Zeigefinger.
Das sind die andern Finger meiner linken Hand.

Frau Schmidt ist
nicht im Zimmer.
Sie ging aus dem
Zimmer.

Herr Schmidt ist
im Zimmer.
Er kam ins Zimmer.

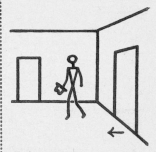

Sie ging durch
diese Tür.

Er kam durch diese Tür
ins Zimmer.

Herr Schmidt tut seinen
Hut auf den Tisch.
Er wird wieder aus
dem Zimmer gehen.

Er tat seinen Hut
auf den Tisch.
Jetzt ist er auf
dem Tisch.

Er wird durch diese
Tür gehen.

Herr Schmidt ging durch
diese Tür aus dem
Zimmer.

Frau Schmidt kommt
ins Zimmer.

Sie geht zum Tisch.

Sie wird den Hut sehen.

Sie sieht ihn.

Sie wird den
Hut vom Tisch nehmen.

Sie nimmt ihn.

Sie nahm den Hut.
Sie hat ihn in der
Hand.

Sie ging mit Herrn
Schmidts Hut aus dem
Zimmer.

Jetzt geht sie aus
dem Zimmer.

Jetzt ist Frau Schmidt in
einem andern Zimmer.
Sie kam durch diese
Tür ins Zimmer.

Das sind Haken.

Sie hat Herrn Schmidts
Hut in der Hand.

Ein Hut ist am
Haken.
Es ist Frau Schmidts
Hut.

Sie tut Herrn
Schmidts Hut an
den Haken.

Jetzt ist Herrn
Schmidts Hut auch
am Haken.

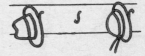

Herr Schmidt sagt:
„Ich werde ins andere
Zimmer gehen und
meinen Hut nehmen.''

Er nimmt seinen
Hut.

Nahm er seinen Hut?
Ja, er nahm ihn.
Er hat ihn in der Hand.

Er ging aus dem
Zimmer.

Als er den Hut sah, nahm er ihn vom Haken.

Er kam wieder ins Zimmer. Er hatte den Hut in der Hand.

Er gibt seiner Frau den Hut.

Er sagt:

„Helene, was ist im Hut?"

Was ist im Hut?
Frau Schmidt wird
den Hut in die Hand
nehmen.

Was nimmt sie aus
dem Hut?

Was hat sie in der
Hand?

Geld.

Was sieht sie?

Sie sieht hundert
Mark. (100 DM)
(DM=Deutsche Mark)

Sie hat das Geld
in der Hand.
Es war im Hut.

Wo war der Hut?
Er war auf dem
Tisch.

Was sah sie?
Sie sah den Hut,
aber sie sah nicht
das Geld.

Sie nahm den Hut.
Sie tat ihn an den
Haken im andern
Zimmer.

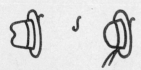

Dann ging Herr Schmidt
ins Zimmer und nahm
den Hut vom Haken.
Wer nahm ihn?
Herr Schmidt nahm ihn.

Sieht Frau Schmidt
das Geld jetzt?
Ja, jetzt sieht sie es.

Sie sagt: „Josef,
wie kommt dieses Geld
in den Hut?"

„Ich ging auf der Strasse.

Der Wind kam und nahm meinen Hut vom Kopf.

Ich ging dem Hut nach.

Als ich ihn in die Hand nahm, sah ich das Geld.

Das Geld war unter
dem Hut.

Als der Wind kam,
nahm er meinen Hut
vom Kopf.

Der Hut war auf dem
Geld.

Dann kam er wieder
herunter.

Der Hut kam herunter,
und das Geld war dort.
Der Hut war auf dem
Geld.

Das Geld war unter
dem Hut."

Auf dem Brett
ist eine Flasche.

Er nimmt die Flasche
vom Brett.

Es ist eine Flasche
Milch.
Herr Schmidt wird
sie vom Brett
nehmen.

Er hat sie in der Hand.

Jetzt tut er die
Milch in die Gläser.

Die Milch ist in den
Gläsern.

Herr Schmidt hat die
Gläser in den Händen.

Das ist ein Brett.
Es ist ein Servierbrett.

Frau Schmidt hat das
Servierbrett in den
Händen.
Auf dem Servierbrett
sind zwei Teller.

Herr Schmidt hat
zwei Stühle in den
Händen.

Er geht mit den
Stühlen zum Tisch.

Frau Schmidt ist bei
Tisch.

Herr Schmidt und Frau
Schmidt sind bei Tisch.

Sie werden ihre Gläser nehmen.

Herr Schmidt hat sein Glas in der rechten Hand.

Jetzt haben sie ihre Gläser in den Händen.

Frau Schmidt hat ihr Glas in der linken Hand.

Sie haben ihre Gläser in den Händen.

Jetzt haben sie ihre Löffel in den Händen.

Das ist ein Löffel.

Was werden wir mit unserem Geld machen?

Ich werde ein neues Kleid kaufen.

Das ist ein Kleid.
Es ist ein neues Kleid.

Dieses Kleid ist nicht neu.
Es ist ein altes Kleid.

Ich werde eine neue Pfeife kaufen.

Das ist eine Pfeife.
Es ist eine neue Pfeife.

Das ist eine alte Pfeife.

Frau Schmidt kauft
ein neues Kleid.
Sie ist in einem Kaufhaus.
Die Frau im Kaufhaus
hat zwei Kleider
in den Händen.

Das ist ein Kaufhaus.

Im Fenster des
Kaufhauses sind
Kleider, Hüte und
Schuhe.

Das sind Schuhe.
Es sind Frauenschuhe.

Das sind Handschuhe.

Ein Strumpf.

Ein Strumpf.

Kleider, Strümpfe,
Schuhe und Handschuhe
sind Kleidungsstücke.

Das sind Strümpfe.

FRAGEN   Was sehen Sie?

a.

b.

c.

d.

e.

f.

g.

h.

Die Antworten auf diese Fragen sind auf Seite 85

FRAGEN   Was sehen Sie?

a.

b.

c.

KAUFHAUS

d.

Die Antworten auf diese Fragen sind auf Seite 85.

Seite 83

a. Ich sehe ein Schlüsselloch.

b. Ich sehe Schuhe.

c. Ich sehe Geld.

d. Ich sehe eine Flasche und ein Glas.

e. Ich sehe eine Pfeife.

f. Ich sehe einen Teller und einen Löffel.

g. Ich sehe Handschuhe.

h. Ich sehe Strümpfe.

Seite 84

a. Ich sehe einen Mann und eine Frau. Sie sind bei Tisch. Sie haben einen Löffel in der Hand.

b. Ich sehe einen Mann. Er ist auf der Strasse. Der Wind nahm seinen Hut.

c. Ich sehe zwei Frauen. Sie sind in einem Kaufhaus. Die eine Frau hat zwei Kleider in den Händen. Die andere Frau kauft ein neues Kleid.

d. Ich sehe einen Mann. Er hat zwei Stühle in den Händen. Er geht mit den Stühlen zum Tisch.

Das ist ein Baum.

Das ist ein
Zweig
des Baumes.

Das ist
ein Apfel.
Er ist am
Zweig.

Das ist Anna Schmidt.

Sie hat einen Korb
in der Hand.
Sie wird den Apfel
vom Zweig nehmen.

Jetzt nimmt
sie den Apfel
vom Zweig.

Sie hat ihn
in der Hand.

Jetzt tut sie
den Apfel in
den Korb.

Sie hat den Korb
in der Hand.

Der Apfel ist im
Korb.

Sie tat ihn dorthin.
Jetzt ist er dort.

Der Apfel war am
Zweig. Anna nahm ihn
vom Zweig und tat ihn
in den Korb.

Jetzt ist er im Korb.

Wann war der Apfel am Zweig?
Er war am Zweig, bevor Anna ihn vom Zweig nahm.

Wann nahm sie ihn vom Zweig?
Sie nahm ihn vom Zweig, bevor sie ihn in den Korb tat.

Wann tat sie den Apfel in den Korb?

Wann hatte sie den Apfel in der Hand?

Sie tat ihn in den Korb, bevor sie den Korb wieder in die Hand nahm.

Sie hatte ihn in der Hand, bevor sie ihn in den Korb tat.

Das ist eine Schachtel.

Das sind die Seiten der
Schachtel.

Das ist die Vorderseite
der Schachtel.

Das ist die Rückseite
der Schachtel.

Das ist ein Haus.

Das ist die Vorderseite
des Hauses.

Das ist die Vordertür
des Hauses.

Das ist ein Rock.

Das ist die Vorderseite
des Rocks.

Das sind die Ärmel
des Rocks.

Das sind die Seiten
des Rocks.

Und das ist der
Rücken des Rocks.

Das sind die Arme
eines Mannes.

Das sind seine Seiten.

Und das ist sein Rücken.

Wer ist das?
Das ist Frau Schmidt.
Ihr Name ist Helene
Schmidt.

Was ist das?
Was hat Frau Schmidt
in den Händen?

Sie hat ein Servierbrett
in den Händen.

Sie wird das
Servierbrett auf den
Tisch tun.

Jetzt tut sie das
Servierbrett auf
den Tisch.

Das Servierbrett
ist auf dem Tisch.
Frau Schmidt hatte
es in den Händen.

Hier ist das
Servierbrett.

Was ist auf dem
Servierbrett?

Das sind Gläser.

Was sind das?
Das sind Gabeln.

Was ist das?
Das ist ein
Messer.

Was sind das?
Das sind zwei
andere Messer.

Gläser, Gabeln und
Messer sind Dinge.

Was sind das?
Das sind Löffel.

Was ist das?
Das ist ein Löffel.

Was ist das?
Das ist ein Teller.

Das sind drei
andere Teller.

Löffel und Teller sind
Dinge.

92

Frau Schmidt nimmt
ein Messer und eine
Gabel vom Servierbrett.

Sie tut das Messer
und die Gabel auf
den Tisch.

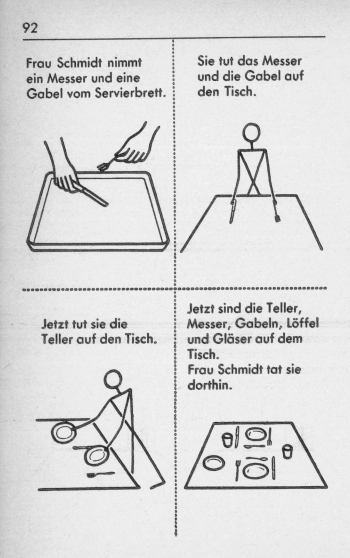

Jetzt tut sie die
Teller auf den Tisch.

Jetzt sind die Teller,
Messer, Gabeln, Löffel
und Gläser auf dem
Tisch.
Frau Schmidt tat sie
dorthin.

Frau Schmidt wird
vom Tisch zur Tür
gehen.

Sie geht zur Tür.
Die Tür ist
geschlossen.

Sie ging aus dem
Zimmer.
Jetzt ist die Tür
offen.
Sie war geschlossen.

Frau Schmidt ist
nicht im Zimmer.
Sie war im Zimmer.
Sie ging aus dem
Zimmer.

Was ist das?
Es ist ein Messer.

Was ist das?

Was ist das?

Was ist das?

Was sind das?

Was sind das?

Was ist das?

Was ist das?

Was ist das?

Was ist das?

Was ist das?

Was ist das?

Was ist das?

Was sind das?

Frau Schmidt macht
eine Suppe.

Das sind Kartoffeln.

Das ist ein Teller
Suppe.

Das ist eine
Flasche Milch.
Es ist Kuhmilch.

Das ist eine Kuh.

Sie wird die Suppe
aus Milch und
Kartoffeln machen.

Kühe sind Tiere.
Hier sind einige
andere Tiere:

Kühe geben Milch.
Frau Schmidt tut die
Milch aus der Flasche
in eine Tasse.

ein Schwein,

ein Schaf,

ein Pferd.

Das ist eine Tasse.

Der Apfel ist auf der Erde.

Das ist eine Pflanze.

Das sind ihre Wurzeln. Kartoffeln sind Pflanzen. Die Kartoffeln sind in der Erde.

Das ist eine Gabel.

Wir nehmen die Kartoffeln mit einer Gabel aus der Erde.

Die Kartoffel ist in der Erde. Kartoffeln sind Pflanzen.

Das ist eine Pflanze.

Das ist ihre Blüte.

Das sind ihre Blätter.

Das sind ihre Früchte.

Das ist ein Zweig.

Das ist ihr Stiel.

Das sind ihre Wurzeln.

Das sind Wurzeln anderer Pflanzen.

Frau Schmidt macht die Suppe.

Das ist ein Topf.

Das ist der Deckel des Topfes.

Frau Schmidt wird die Suppe in diesem Topf machen.

Sie tat die Kartoffeln in den Topf.
Jetzt sind sie im Topf.
Aus dem Topf kommt Dampf.

Das ist eine Flamme.

Das ist Dampf.

Der Topf ist auf der Flamme.
Die Flamme ist unter dem Topf.

Aus der Flasche
kommt Dampf.
Das Wasser in dieser
Flasche ist sehr warm.

Die Flamme ist unter
der Flasche.

Das ist Eis.

Das Eis ist im
Wasser.
Eis ist kalt.
Es ist kalt und
hart.

Das ist Eis.

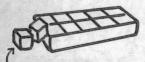

Das ist ein Stück Eis.

Eis ist
kalt.

Das ist ein →
Thermometer.

Flammen sind warm.

Das ist eine Uhr.

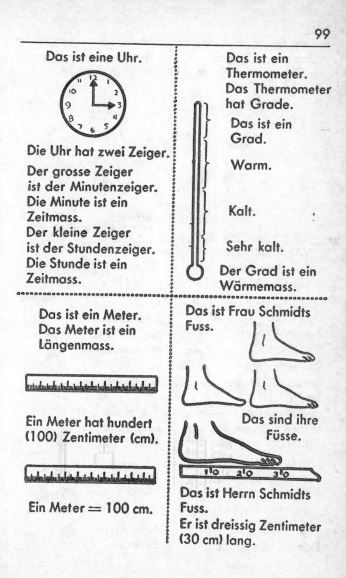

Die Uhr hat zwei Zeiger.

Der grosse Zeiger
ist der Minutenzeiger.
Die Minute ist ein
Zeitmass.
Der kleine Zeiger
ist der Stundenzeiger.
Die Stunde ist ein
Zeitmass.

Das ist ein Meter.
Das Meter ist ein
Längenmass.

Ein Meter hat hundert
(100) Zentimeter (cm).

Ein Meter = 100 cm.

Das ist ein
Thermometer.
Das Thermometer
hat Grade.

Das ist ein
Grad.

Warm.

Kalt.

Sehr kalt.

Der Grad ist ein
Wärmemass.

Das ist Frau Schmidts
Fuss.

Das sind ihre
Füsse.

Das ist Herrn Schmidts
Fuss.
Er ist dreissig Zentimeter
(30 cm) lang.

Das ist ein Vogel.
Er ist auf dem Baum.

Die andern zwei
Vögel sind nicht
auf dem Baum.
Sie sind in der Luft.

Das ist ein Flugzeug.
Es ist in der Luft.

Das sind andere
Flugzeuge.

Diese Flugzeuge sind
nicht in der Luft.

Das ist das Gesicht
eines Mannes.

Die Luft geht
durch die Nase
und durch
den Mund in
seinen Körper.

Die Luft kommt
wieder aus seinem
Körper heraus.
Sie geht hinein.
Sie kommt heraus.

Das ist sein Atem.

Jetzt kommt
die Luft aus
seinem Mund
heraus.
Sie ist warm.

Wenn die Luft
herauskommt, ist
sie warm.

Er hat die
Hand vor
dem Mund.

Sein Atem
ist warm.

Das Wasser im Topf
ist sehr warm.
Dampf kommt aus
dem Topf.

Die Luft über der
Flamme ist sehr warm.
Sie geht hinauf.

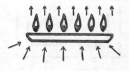

Die Luft unter der
Flamme ist nicht
sehr warm.
Sie geht hinauf
zur Flamme.

Das ist ein Eisschrank.
Die Luft im Eisschrank
ist kalt.

Das ist   Das sind
eine Flasche Eier.
Milch.

Das ist der Eisschrank.
Die Tür des Eisschranks
ist geschlossen.

Die Milch und die Eier
sind im Eisschrank.
Die Luft im Eisschrank
ist kalt.

Die Wände und der Boden des Eisschranks sind dick.

Warme Luft   Kalte Luft   Warme Luft

Das ist eine dünne Linie.

Das ist eine dicke Linie.

Die Luft im Eisschrank ist kalt.
Die warme Luft geht nicht in den Eisschrank.

Herr Schmidt hat ein Glas in der Hand. Er hat kalte Milch im Glas.

Diese Milch ist nicht gut.

Herr Schmidt ist nicht froh.

Die Milch ist gut. Herr Schmidt ist froh.

Das ist Fleisch.

Das ist Brot.

Das ist ein Stück Brot.

Das ist Käse.

Das ist Butter.

Das ist ein Stück Käse.

Wir machen Käse aus Milch.
Kühe geben uns Milch.

Die Butter ist
auf dem Teller.
Wir machen Butter
aus Milch.
Frau Schmidt hat die
Butter und die Milch
im Eisschrank.
Sie hat auch den
Käse dort.

Das sind Äpfel.

Das sind Orangen.

Äpfel und Orangen
sind Obst.

Wieviel Uhr ist es?

Es ist fünf (5) Uhr.
Es ist fünf.

Frau Schmidt wird die
Suppe machen.

Wieviel Uhr ist es?

Es ist fünf Uhr dreissig
(5:30).
Frau Schmidt macht die
Suppe.

Es ist fünf Uhr vierzig
(5:40).

Die Kartoffeln sind
im Topf.
Frau Schmidt hat eine
Gabel in der Hand.

Die Kartoffeln
sind hart.
Die Gabel geht
nicht durch.

Es ist fünf Uhr
fünfzig (5:50).
Sind die Kartoffeln
hart?

Nein, sie sind nicht
hart.
Sie sind weich.

Frau Schmidt nimmt
die Kartoffeln aus
dem Topf und tut
sie auf einen Teller.

Die Gabel geht durch
die Kartoffel.

Die Kartoffeln sind
auf dem Teller.

Frau Schmidt tat Milch
und Butter in die
Kartoffeln.
Jetzt sind sie sehr
weich.

Sie waren im Topf.
Sie waren hart.
Jetzt sind sie weich.

Brot ist weich.

Glas ist hart.

Fleisch ist weich.

Butter ist weich.

Herr Schmidt hat ein Stück Käse zwischen den Fingern.

Er tut das Stück Käse in den Mund.

Jetzt hat er das Stück Käse zwischen den Zähnen.

Dieser Käse ist nicht weich.

Er ist hart.

Das ist sein Mund.

Das ist ein Zahn.

Das sind Zähne.

Herrn Schmidts Zähne gehen nicht durch.

Frau Schmidt tat
die Kartoffeln, die
Milch und andere
Dinge in den Topf.

Das ist Salz.

Der Topf ist auf
der kleinen Flamme.

Der Deckel ist auf
dem Topf.

Die kleine Flamme
ist unter dem Topf.

Diese Flamme ist klein.

Diese Flamme ist gross.

Dieses Gebäude ist
gross.

Dieses Gebäude ist
klein.

Wieviel Uhr ist es?
Es ist sechs (6).

Frau Schmidt nimmt
einen Löffel Suppe
in den Mund.
Die Suppe ist fertig.
Sie ist gut.

Jetzt tut sie die
Suppe in die Teller.

Sie war im Topf.

Jetzt ist sie in den
Tellern.

Frau Schmidt machte
die Suppe.
Sie tat sie in die Teller.
Sie tat die Teller
mit der Suppe auf
den Tisch.

Die Teller sind auf
dem Tisch.
Die Suppe ist fertig.
Es ist gute Suppe.

Suppe   Milch

Kartoffeln

Brot

Fleisch

Butter   Käse

Äpfel   und Orangen

sind Nahrungsmittel.
Es sind verschiedene
Arten von
Nahrungsmitteln.

Ein Apfel.

Eine Orange.

Äpfel und Orangen
sind Obst.
Es sind verschiedene
Obstarten.

Das sind verschiedene
Arten von Gläsern.

Das sind verschiedene
Arten von Schachteln.

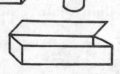

Gläser, Schachteln,
Kleider und Schuhe
sind Dinge.
Es sind verschiedene
Dinge.

111

Kühe

Schafe

Schweine

Pferde

und Ziegen

sind Tiere.

Es sind verschiedene
Arten von Tieren.

Das sind verschiedene
Pflanzenarten.

Das ist das
Blatt einer
Pflanzenart.

Das ist das
Blatt einer andern
Pflanzenart.

Diese Körbe sind gleich.

Diese Körbe sind
nicht gleich.
Sie sind verschieden.

Diese Körbe sind gleich.

Diese Körbe sind
verschieden.

Diese Teller sind gleich.

Diese Teller sind
verschieden.

Diese Gläser
sind gleich.

Diese Gläser
sind verschieden.

Hier sind eine Frau
und ein Junge: Frau
Schmidt und Wilhelm
Schmidt.

Hier sind eine Frau
und ein Mädchen: Frau
Schmidt und Anna
Schmidt.

Der Junge ist der
Sohn der Frau.
Die Frau ist die
Mutter des Jungen.

Das Mädchen ist die
Tochter der Frau.
Die Frau ist die
Mutter des Mädchens.

Hier sind ein Mann
und ein Junge.

Hier sind ein Mann
und ein Mädchen.

Der Junge ist der
Sohn des Mannes.
Der Mann ist der
Vater des Jungen.

Das Mädchen ist die
Tochter des Mannes.
Der Mann ist der
Vater des Mädchens.

Das Mädchen ist die
Schwester des Jungen.

Der Junge ist der
Bruder des Mädchens.
Er ist ihr Bruder.

Dieser Mann und diese
Frau

haben zwei
Söhne

Dieser Junge hat einen
Bruder und drei
Schwestern.

und drei
Töchter.

Dieses Mädchen hat
zwei Brüder und zwei
Schwestern.

Das ist eine Familie.

Hier sind Frau Schmidt,
ihre Tochter Anna und
ihr Sohn Wilhelm.

Sie sind bei Tisch.
Die Suppenteller sind
vor ihnen.
Sie haben
Kartoffelsuppe in
den Tellern.

Kartoffelsuppe ist
eine dicke Suppe.
Sie ist nicht klar.
Dicke Suppe und klare
Suppe sind zwei
verschiedene
Suppenarten.

Das Wasser in
diesem Glas
ist klar.
Wir sehen
durch.

Wenn das Wasser klar
ist, sehen wir durch.

Milch ist
nicht klar.
Wir sehen
nicht durch.

Die Luft ist klar.
Ich sehe die Berge.

Wenn die Luft nicht
klar ist, sehe ich
die Berge nicht.

Diese Suppe ist klar.
Wir sehen den Löffel
durch die Suppe.

Kartoffelsuppe ist
eine dicke Suppe.
Wir sehen den Löffel
nicht.

Wer ist das?

Das ist Frau Schmidt.
Sie machte die Suppe.

Das ist die Suppe.
Frau Schmidt machte
sie.
Das ist die Suppe,
die Frau Schmidt
machte.

Das ist eine
Flasche Milch.

Frau Schmidt tat die
Milch aus dieser Flasche
in die Suppe.
Das ist die Milch, die
Frau Schmidt in die
Suppe tat.

Das sind Kartoffeln.
Frau Schmidt tat sie
in die Suppe.
Das sind die Kartoffeln,
die Frau Schmidt in
die Suppe tat.

Das ist ein Topf.
Frau Schmidt machte
die Suppe in diesem
Topf.

Das ist der Topf,
in dem Frau Schmidt
die Suppe machte.

Das sind Teller.
Die Suppe war in
diesen Tellern.

Das sind die Teller,
in denen die Suppe
war.

Das ist ein Löffel.
Er war in der Suppe.

Das ist der Löffel,
der in der Suppe war.

FRAGEN

a. Wieviel Uhr ist es?

b. Was sind das?

c. Was ist das?

d. Was sind das?

e. Was sind das?

f. Was ist das?

g. Was ist das?

h. Was ist das?

Die Antworten sind auf Seite 120.

FRAGEN

a. Was ist das?

b. Was ist das?

c. Was sind das?

d. Was ist das?

e. Was ist das?

f. Was ist das?

g. Was ist das?

h. Was ist das?

Die Antworten sind auf Seite 120.

FRAGEN

a. Das ist eine Familie.

Was sehen Sie?

b. Das ist eine Pflanze.

Welche Teile der Pflanze sehen Sie?

c. Das ist ein Eisschrank.

Was sehen Sie im Eisschrank?

d. Das ist ein Hund.

Welche Teile des Hundes sehen Sie?

e. Was sehen Sie?

f. Was sehen Sie?

g. Was sehen Sie?

h. Was sehen Sie?

Die Antworten sind auf Seite 120.

Antworten auf die Fragen von Seite 117-119.

Seite 117

a. Es ist vier Uhr
zweiundvierzig (4:42).
c. Das ist ein Topf.
e. Das sind Wurzeln.
g. Das ist Butter.

b. Das sind Äpfel.
d. Das sind Blätter.
f. Das ist eine
Flasche Milch.
h. Das ist Brot.

Seite 118

a. Das ist ein Stück Käse.
c. Das sind Flammen.
e. Das ist ein grosses
Gebäude.
g. Das ist ein Schwein.

b. Das ist eine Tasse.
d. Das ist ein Pferd.
f. Das ist eine
Schachtel.
h. Das ist ein Schaf.

Seite 119

a. Ich sehe den Vater,
den Sohn, die Mutter
und die Tochter.
c. Ich sehe eine Flasche
Milch, vier Eier und
zwei Wurzeln.

b. Ich sehe ihre Wurzeln,
ihren Stiel, ihre
Blätter und ihre Blüte.
d. Ich sehe seinen Kopf,
seine Ohren, seine
Augen, seinen
Körper, seine Beine
und seinen Schwanz.

e. Ich sehe eine Kuh.

f. Ich sehe einen Apfel
und einen Korb.

g. Ich sehe eine Frau.
Sie hat einen Löffel
in der Hand.

h. Ich sehe einen Mann.
Er hat ein Glas in
der Hand.

FRAGEN

a. Wo sind diese Frauen?

Was hat diese Frau in den Händen?

b. Was sind das?

c. Was macht Anna?

Wo ist der Apfel?

d. Wird sie den Apfel in den Korb tun? Wo war er, bevor sie ihn nahm?

e. Geben Sie die Namen verschiedener Arten von Nahrungsmitteln.

f. Geben Sie die Namen verschiedener Arten von Tieren.

g. Geben Sie die Namen verschiedener Obstarten.

h. Geben Sie die Namen verschiedener Personen.

Die Antworten sind auf Seite 124.

FRAGEN

a. Das ist ein Teller
Kartoffelsuppe.

Ist Kartoffelsuppe
eine klare Suppe?

Sehen Sie den Löffel
durch die Suppe?

b. Was sehen Sie durch
dieses Fenster?

c. Ist Glas hart?

d. Ist Fleisch weich?

e. Ist Eis warm?

f. Sind Flammen kalt?

g. Sind diese Eier
gleich?

Sind diese
Schachteln
verschieden?

h. Was macht sie?

Die Antworten sind auf Seite 125.

123

FRAGEN

a. Was sehen Sie?

b. Was sehen Sie unter dem Hut?

c. Was haben sie in den Händen?

d. Was sind das?

e. Was tun wir in den Eisschrank?

f. Geben Sie die Namen von zehn verschiedenen Dingen, die Sie in einem Haus sehen.

Die Antworten sind auf Seite 125.

Antworten auf die Fragen von Seite 121.

a. Sie sind in einem
   Kaufhaus.
   Sie hat zwei Kleider
   in den Händen.

b. Das sind Schuhe,
   Strümpfe und
   Handschuhe.

c. Anna nimmt einen
   Apfel vom Zweig.
   Der Apfel ist am
   Zweig.

d. Ja, sie wird ihn
   in den Korb tun.
   Bevor sie ihn nahm,
   war er am Zweig.

e. Brot, Butter, Milch,
   Käse, Fleisch, Eier,
   Äpfel und Orangen
   sind verschiedene
   Arten von
   Nahrungsmitteln.

f. Kühe, Schweine,
   Schafe, Ziegen,
   Hunde und Pferde
   sind verschiedene
   Arten von Tieren.

g. Äpfel und Orangen
   sind zwei
   verschiedene
   Obstarten.

h. Männer und Frauen,
   Jungen und Mädchen
   sind verschiedene
   Personen.

Antworten auf die Fragen von Seite 122-123.

Seite 122

a. Nein, Kartoffelsuppe
ist eine dicke Suppe.
Nein, ich sehe ihn
nicht.

b. Ich sehe ein Haus
und Berge.

c. Ja, Glas ist hart.

d. Ja, Fleisch ist weich.

e. Nein, Eis ist nicht
warm. Es ist kalt.

f. Nein, Flammen sind
nicht kalt. Sie sind
warm.

g. Ja, sie sind gleich.
Ja, sie sind
verschieden.

h. Sie tut Salz in die
Suppe.

Seite 123

a. Ich sehe einen Mann.
Er ist auf der Strasse.
Sein Hut ist in der Luft.
Der Wind nahm ihn.

b. Ich sehe Geld unter
dem Hut.

c. Sie haben Gläser in
den Händen.

d. Das sind eine Uhr
und ein Thermometer.

e. Wir tun Milch, Butter,
Käse und Eier in den
Eisschrank.

f. In einem Haus sehen
wir: Zimmer, Fenster,
Türen, Tische, Stühle,
Schachteln, Uhren,
Bücher, Bilder und
verschiedene andere
Dinge.

Das ist ein Zimmer.
Es ist ein Schlafzimmer.

In diesem Schlafzimmer
sind zwei Betten.

Ein Stuhl ist beim
Bett.

Was ist auf dem Stuhl?

Eine Frau ist vor dem
Stuhl.
Wer ist es?

Eine Reisetasche.

Es ist Frau Schmidt.

Was macht sie?

Ist das Frau Schmidts
Reisetasche?

Sie tut verschiedene
Dinge in die Reisetasche.

Nein, es ist Herrn
Schmidts Reisetasche.

Herr Schmidt wird eine
Reise nach Hamburg
machen.

Er wird die Reise mit
dem Zug machen.

Jetzt sind Herr und Frau
Schmidt in München.
Sie haben ein Haus
in München.

Das ist ein Zug.
Die Reise von München
nach Hamburg ist lang.

Was wird Herr Schmidt für die Reise mitnehmen?

Er wird zwei Hemden mitnehmen.

Er wird seine neuen Socken mitnehmen.

Löcher

Er wird seine alten Socken nicht mitnehmen.
Die alten Socken haben Löcher.

Neue Socken haben keine Löcher.

Das ist eine Hose.

Ein Loch

Diese Hose hat ein Loch.
Es ist eine alte Hose.

Er wird Schuhe mitnehmen.

Er wird sie in einen Schuhsack tun.

Das ist ein Schuhsack. Er ist rein.

Die Schuhe sind im Schuhsack.
Der Schuhsack ist rein.

Die Schuhe werden das Hemd nicht schmutzig machen.

Diese Hände sind rein.

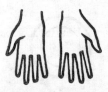

Diese Hände sind schmutzig.

Dieses Tuch ist schmutzig.

Dieses Tuch ist rein.

Dieser Teller ist rein.

Sein Gesicht ist schmutzig.

Dieser Teller ist schmutzig.

Sein Gesicht ist rein.

Der Teller ist schmutzig, aber das Tuch ist rein.

Jetzt ist das Tuch schmutzig, aber der Teller ist rein.

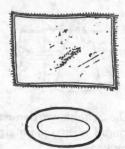

Das ist ein Becken. Es
ist ein Waschbecken.

Das ist Seife.

Das Wasser im
Waschbecken ist warm.

Was macht sie?

Sie wäscht sich die
Hände.
Sie wäscht sie mit
Seife und Wasser.

Jetzt sind ihre Hände
nass, aber sie sind rein.
Sie waren schmutzig.

Sie hat ein Tuch in
den Händen.
Es ist ein Handtuch.

Ihre Hände waren nass.

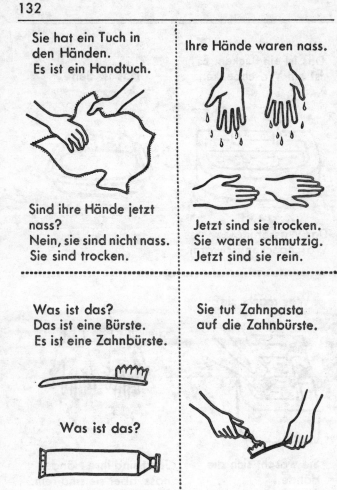

Sind ihre Hände jetzt
nass?
Nein, sie sind nicht nass.
Sie sind trocken.

Jetzt sind sie trocken.
Sie waren schmutzig.
Jetzt sind sie rein.

Was ist das?
Das ist eine Bürste.
Es ist eine Zahnbürste.

Sie tut Zahnpasta
auf die Zahnbürste.

Was ist das?

Das ist Zahnpasta.

Jetzt bürstet sie
sich die Zähne.

Was ist das?
Es ist ein Kamm.

Und das?

Ihre Zähne werden
rein und weiss sein.

Das ist eine Bürste.
Es ist eine Haarbürste.

Sie bürstet sich das
Haar.

Er bürstet sich das
Haar mit zwei
Haarbürsten.

Das sind Nadeln.

Das ist eine Nähnadel.

Das ist eine Stecknadel.

Das ist eine Haarnadel.

Diese zwei Stecknadeln
sind gleich.

Diese drei Haarnadeln
sind nicht gleich.
Sie sind verschieden.

Was hat sie in der
Hand?

Eine Haarnadel.
Sie tut sie ins Haar.

Wo ist die Haarnadel
jetzt?

Sie ist im Haar der
Frau.

Das ist Herrn Schmidts
Reisetasche.

Was ist in der
Reisetasche?

Das ist die Reisetasche,
die Herr Schmidt
mitnehmen wird.

Was tat Frau Schmidt
in die Reisetasche?

Sie tat Hemden, Socken,
Schuhe, Bürsten,
Kämme, Zahnpasta und
Seife in die Reisetasche.

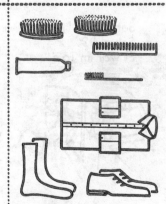

Sie tat alle diese
Dinge in Herrn Schmidts
Reisetasche.

Herr Schmidt wird
zum Bahnhof gehen.
Er hat seine Reisetasche
in der Hand.

Er nimmt ein Taxi.
Das Taxi wird um
8 Uhr am Bahnhof sein.

Das ist der Bahnhof.
Es ist acht Uhr (8:00).

Das Taxi ist am
Bahnhof.

Sehen Sie Herrn
Schmidt?
Er war im Taxi.

Er wird in den Bahnhof
gehen.

Jetzt geht er in den
Bahnhof.

Das ist der Warteraum
des Bahnhofs.

Männer und Frauen
sind im Warteraum.
Herr Schmidt ist auch
im Warteraum.
Sein Zug wird um
8:30 (acht Uhr dreissig)
im Bahnhof sein.

Sein Zug ist hier.

Das ist die Lokomotive
des Zuges.

Das ist
die Glocke
der
Lokomotive.

Die Glocke der
Lokomotive ist gross.

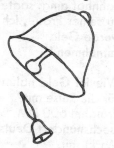

Diese Glocke ist
klein.
Es ist eine Tischglocke.

Das ist der Schalter.
Es ist ein
Fahrkartenschalter.

FAHRKARTEN

Der Mann am Schalter
hat die Fahrkarten.
Herr Schmidt kaufte
seine Fahrkarte hier.

Das ist seine Fahrkarte.

Was war der Preis
seiner Fahrkarte?

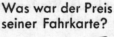

Der Preis seiner
Fahrkarte war 77 DM
(siebenundsiebzig
Deutsche Mark).

Das sind Fahrkarten.

77 DM.
77 DM ist viel Geld.

Herr Schmidt wird Montag in
Hamburg sein.
Samstag wird er wieder in
München sein. Er wird vier
Tage in Hamburg sein. Hier
sind die Tage der Woche:
Sonntag, Montag, Dienstag,
Mittwoch, Donnerstag, Frei-
tag, Samstag (oder Sonn-
abend).

Eine Woche hat sieben Tage.

Bevor Herr Schmidt zum
Bahnhof ging, sagte er
zu seiner Frau: „Ich
werde Geld
mitnehmen."

Wieviel Geld nahm er
für die Reise mit?
Er nahm 600 DM
(sechshundert Deutsche
Mark) mit.
Das ist viel Geld.

600 DM—viel Geld.
  2 DM—wenig Geld.

Jetzt ist Herr Schmidt
in Hamburg.
Er hat Freunde in
Hamburg.

Seine Freunde sind
am Bahnhof.
Herr Schmidt wird
seinen Freunden die
Hand geben.

Er gibt seinen
Freunden die Hand.

Herr   Seine
Schmidt—   Freunde.

Seine Freunde sagen:
„Guten Tag, Herr
Schmidt! Hatten Sie
eine gute Reise?"

Herr Schmidt sagt:
„Ja, aber es war eine
lange Reise."

Sein Freund sagt:
„Geben Sie mir Ihre
Reisetasche, Herr
Schmidt."

Seine Freunde haben
ein Haus in Hamburg.
Herr Schmidt wird mit
ihnen dorthin gehen.

Herr Schmidt ist
im Haus seiner
Freunde.
Er schreibt einen Brief.

Hier ist der Brief:

Er hat eine Feder
in der Hand.
Er schreibt an
Herrn Müller.

Hamburg, den 2. Januar
19........

Lieber Herr Müller!

Ich bin in Hamburg. Ich
werde Samstag, den 7.
Januar, wieder in München
sein.

Mit besten Grüssen
Ihr
Josef Schmidt

Jetzt ist der Brief
im Briefumschlag.
Das ist der
Briefumschlag.

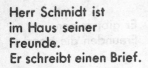

Das ist
eine
Briefmarke.

Herrn Müllers Name
und Adresse sind auf
dem Briefumschlag.
Seine Adresse ist:
München
Ludwigstrasse 36.
(sechsunddreissig)

Das ist die Rückseite
des Briefumschlags.

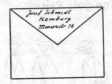

Herrn Schmidts Name
und seine Adresse in
Hamburg sind auf der
Rückseite des
Briefumschlags.

Jetzt schreibt
Herr Schmidt eine
Postkarte an
seine Frau.
Auf der Vorderseite
der Karte ist ein Bild
des Hamburger Hafens.
Hier ist das Bild
des Hafens.

Das ist die Rückseite
der Postkarte.

Herr Schmidt schreibt
Frau Schmidts Namen
und Adresse auf die
rechte Seite der
Postkarte.

Jetzt ist die Postkarte
fertig.

Frau Schmidts
Adresse ist:
München 23
Wilhelmstrasse 3.
In Deutschland
schreiben wir den
Namen der Strasse
unter den Namen
der Stadt.

Jetzt ist Herr Schmidt
auf der Post.

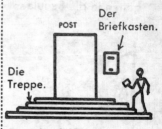

Er geht die Treppe
hinauf.
Er wird die Postkarte
in den Briefkasten tun.
Wir tun Postkarten und
Briefe in den Briefkasten.

Frau Schmidt bekam
Herrn Schmidts
Postkarte aus Hamburg.

Sie liest die Postkarte.
Sie liest: „Ich hatte
eine gute Reise. ...."

Lesen und Schreiben
sind ein Teil unserer
Bildung. Wir bekommen
einen grossen Teil
unserer Bildung in
der Schule.

Diese Jungen und
Mädchen sind in der
Schule.
Sie lesen und schreiben.

Es ist 8 Uhr.
Wilhelm und Anna
gehen in die Schule.

Frau Schmidt sagt:
„Auf Wiedersehen,
Kinder!"

Jetzt sind Wilhelm und
Anna in der Schule.
Wilhelm schreibt ein
Wort.

Er schreibt das Wort
„Bildung."

Es ist 5 Uhr. Wilhelm und Anna sind wieder zu Hause. Sie sind mit ihrer Mutter im Zimmer.

Wilhelm schreibt am Tisch. Die Mutter liest die Zeitung. Anna liest ein Buch.

Jetzt liest Frau Schmidt mit ihren Kindern ein Buch. Es ist ein gutes Buch.

Wilhelm und Anna bekommen einen Teil ihrer Bildung in der Schule und einen Teil zu Hause.

Jetzt schreibt Frau Schmidt einen Brief an Herrn Schmidt. Hier ist der Brief:

München, den 3. Januar
19........
Lieber Josef!
  Wir sind alle zu Hause. Die Kinder lesen. Wilhelm wird auch einen Brief schreiben. Ich . . .

Frau Schmidt geht zum Briefkasten.

Sie wird den Brief in den Briefkasten tun.

Sie tut ihn in den Briefkasten.

Jetzt ist er im Briefkasten.

Frau Schmidt geht nach Hause.

FRAGEN

a. Was sind das?

Der Junge hat
einen Schuh am
Fuss.
Wo ist der andere
Schuh?

b. Was sind das?

Was macht
dieser
Mann?

c. Was ist das?

Und das?

Was macht Anna?

d. Was ist das?

Was macht diese
Frau?

Die Antworten sind auf Seite 152.

FRAGEN

a. Wo kaufte Herr Schmidt seine Fahrkarte? (Seite 137)

b. Wieviel Geld nahm Herr Schmidt für die Reise mit?

c. Ist die Reise von München nach Hamburg eine lange Reise?

d. Waren Herrn Schmidts Freunde am Bahnhof?

e. Was sagten seine Freunde?

f. Schrieb Herr Schmidt einen Brief an seine Frau?

g. Was machen Wilhelm und Anna in der Schule?

h. Schrieb Frau Schmidt eine Postkarte an Herrn Schmidt?

Die Antworten sind auf Seite 152.

Dieser Teller ist rund.
Seine Form ist rund.

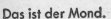

Das ist die Erde.

Diese Orange
ist rund.

Diese Uhr ist
auch rund.

Sie ist rund.

Die Form der Erde
ist rund.

Das ist der Mond.

Das ist die Sonne.

Das ist
der
Himmel.

Das ist eine Wolke.

Der Mond ist rund.

Das ist die Erde.

Die Sonne geht im
Osten auf.

Die Sonne geht jeden
Morgen auf.

Die Sonne geht im
Westen unter.

Sie geht jeden Abend
unter.

Wieviel Uhr ist es?
Es ist fünf Uhr acht
Minuten (5:08) morgens.

Wieviel Uhr ist es?
Es ist acht Uhr
zwanzig Minuten
(8:20) abends.

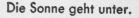

Die Sonne geht auf.

Die Sonne geht unter.

Heute ist Freitag.
Morgen ist Samstag.
Gestern war
Donnerstag. Gestern
ging die Sonne um
fünf Uhr sieben Minuten
(5:07) auf und um acht
Uhr neunzehn Minuten
(8:19) unter.
Heute ging die Sonne
um fünf Uhr acht
Minuten (5:08) auf und
um acht Uhr zwanzig
Minuten (8:20) unter.

Es ist Nacht.

Ein Stern ist am Himmel.

Es ist Tag.

Die Sonne geht auf.

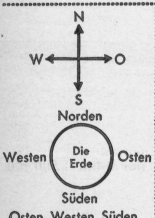

Osten, Westen, Süden
und Norden sind die
vier Himmelsrichtungen.

Ein Tag hat 24
(vierundzwanzig)
Stunden.
Eine Stunde hat 60
(sechzig) Minuten.
Eine Minute hat 60
(sechzig) Sekunden.

Wieviel Tage hat
eine Woche?
Eine Woche hat 7
(sieben) Tage.

Das sind Zahlen:
1, 2, 3, 4, 5, 6, 7, 8, 9,
10, 11, 12.
Welche Zahl kommt
nach 12?
Dreizehn (13).
Welche Zahl kommt
nach 13?
Vierzehn (14).

Welche Zahlen kommen
nach 14?

fünfzehn 15
sechzehn 16
siebzehn 17
achtzehn 18
neunzehn 19
zwanzig 20

zwanzig	20	hundert	100
einundzwanzig	21	hundertundeins	101
dreissig	30	hundertzehn	110
einunddreissig	31	hundertzwanzig	120
vierzig	40	zweihundert	200
einundvierzig	41	dreihundert	300
fünfzig	50	vierhundert	400
sechzig	60	tausend	1.000
siebzig	70	eine Million	1.000.000
achtzig	80		
neunzig	90		

WAS SEHEN SIE HIER?

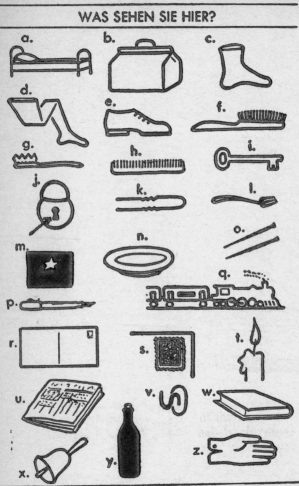

a. b. c. d. e. f. g. h. i. j. k. l. m. n. o. p. q. r. s. t. u. v. w. x. y. z.

Die Antworten sind auf Seite 153.

FRAGEN

a. Was macht dieser Mann?

b. Was macht diese Frau?

c. Was macht diese Frau?

d. Was hat dieser Mann in den Händen?

e. Schreiben wir in Deutschland den Namen der Strasse über den Namen der Stadt?

f. Wieviel Stunden hat ein Tag? Wieviel Tage hat eine Woche?

Die Antworten sind auf Seite 153.

Seite 144

a. Das sind Schuhe.
Der andere Schuh
ist auf dem Boden.

b. Das sind Hemden.
Er tut sein Hemd
in die Reisetasche.

c. Das ist Zahnpasta.
Das ist eine
Zahnbürste.
Sie bürstet sich die
Zähne.

d. Das ist Seife.
Sie wäscht sich die
Hände.

Seite 145

a. Herr Schmidt kaufte
seine Fahrkarte am
Fahrkartenschalter.

b. Er nahm 600 DM
für die Reise mit.

c. Ja, die Reise von
München nach
Hamburg ist eine
lange Reise.

d. Ja, sie waren am
Bahnhof.

e. Seine Freunde
sagten: ,,Guten Tag,
Herr Schmidt! Hatten
Sie eine gute Reise?''

f. Nein. Er schrieb
eine Postkarte an
seine Frau.

g. Sie schreiben und
lesen in der Schule.

h. Nein. Sie schrieb
einen Brief an Herrn
Schmidt.

Antworten auf die Fragen von Seite 150-151.

Seite 150

Wir sehen:

a. ein Bett

b. eine Reisetasche

c. eine Socke

d. einen Strumpf

e. einen Schuh

f. eine Haarbürste

g. eine Zahnbürste.

h. einen Kamm

i. einen Schlüssel.

j. ein Schlüsselloch

k. eine Haarnadel.

l. eine Gabel.

m. einen Stern

n. einen Teller

o. zwei Stecknadeln.

p. eine Feder

q. einen Zug

r. eine Postkarte

s. eine Briefmarke

t. eine Flamme.

u. eine Zeitung

v. einen Haken

w. ein Buch

x. eine Glocke

y. eine Flasche

z. einen Handschuh

Seite 151

a. Er schreibt
eine Postkarte.

b. Sie liest die Zeitung.

c. Sie schreibt
Zahlen.

d. Er hat eine Reisetache
und eine Schachtel
in den Händen.

e. Nein. In Deutschland
schreiben wir den
Namen der Strasse unter
den Namen der Stadt.

f. Ein Tag hat
vierundzwanzig Stunden.
Eine Woche hat
sieben Tage.

Das ist Wilhelm Schmidt.

Das ist Anna Schmidt. Anna ist Wilhelms Schwester.

Wilhelm hat eine Schachtel in der Hand.

Anna sagt: „Was machst Du, Wilhelm?"

Wilhelm sagt: „Ich mache ein Haus aus dieser Schachtel."

Das ist eine Schachtel.

Das ist eine Seite der Schachtel.

Das ist eine andere Seite der Schachtel.

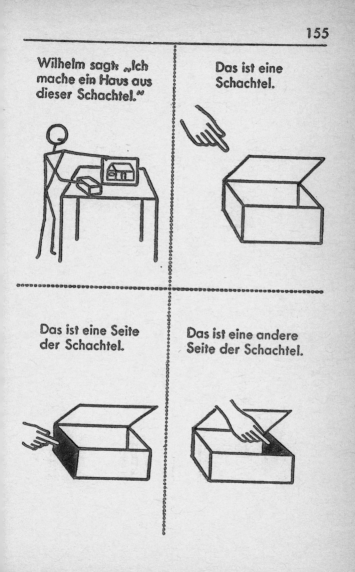

Das ist die Vorderseite
der Schachtel.

Das ist die Rückseite
der Schachtel.

Das ist der Boden
der Schachtel.

Das ist der Deckel
der Schachtel.

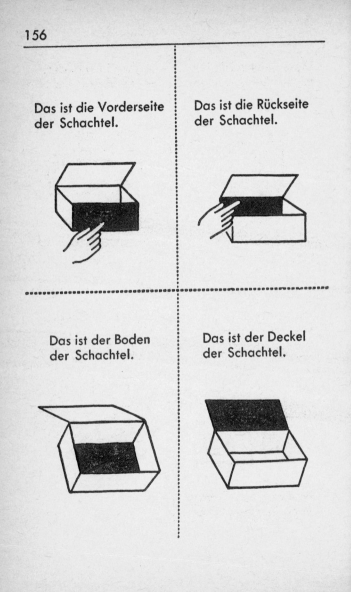

Diese Seite wird eine
Wand des Hauses sein.

Hier wird ein Fenster
sein.

Das wird die andere
Wand des Hauses sein.

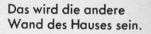

Hier wird ein anderes
Fenster sein.

Die Vorderseite der
Schachtel wird die
Vorderseite des Hauses
sein.

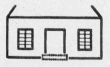

Ich werde eine Treppe
unter die Tür machen.

Das ist eine Treppe.

Anna sagt:
„Ein Haus hat
ein Dach.
Wirst Du ein Dach
auf das Haus
machen?"

Wilhelm sagt:
„Ja, ich werde ein
Dach aus dem Deckel
der Schachtel machen."

Aber der Deckel ist
nicht lang genug
für ein Dach.
Er ist zu kurz.

Wie lang ist der
Deckel?

Wie breit ist der
Deckel?

Der Deckel ist nicht lang
genug. Er ist nicht breit
genug für das Dach.

Das ist
die Form
des Daches.

Das Dach

Wilhelm sagt: „Ich
werde das Dach aus
einem Stück Holz
machen."

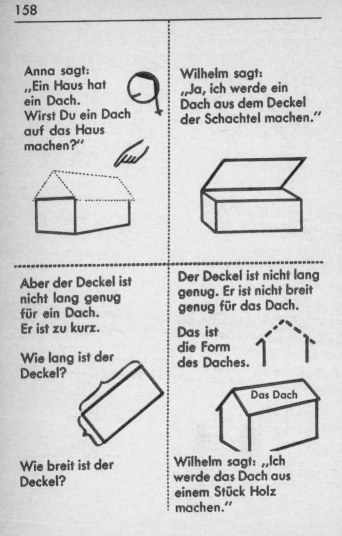

Wir bekommen Holz
von Bäumen.

Das ist ein
Baum.

Das sind
seine
Wurzeln.

Das sind Bäume.

Verschiedene Bäume
haben verschiedenes
Holz.

Das Holz
dieses
Baumes
ist hart.

Das Holz
dieser
Bäume
ist
weich.

Wilhelm hat ein
Stück Holz.

„Was machst Du,
Wilhelm?"
„Ich nehme das Mass
von diesem Stück
Holz."

Das ist ein Mass.

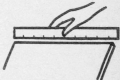

Dieses Stück Holz
ist länger und breiter.

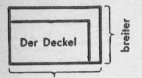

Ich werde das Dach
aus diesem Stück
Holz machen.

Ich werde in dieses
Stück Holz einen
Schnitt machen.
Ich werde den Schnitt
unter diesem Winkel
machen.

Ein Schnitt.

Das ist ein Winkel.

Das ist auch ein
Winkel.

Das ist
ein rechter
Winkel.

Und das
ist ein
rechter
Winkel.

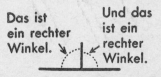

Jetzt mache ich einen
Schnitt in dieses
Stück Holz.

Das ist mein Messer.

Die Messerklinge geht
durch das Holz.
Es ist weiches Holz.

Das ist die Klinge
des Messers.
Es ist eine
Messerklinge.

Ich mache eine Linie
auf das Stück Holz.
Ich mache sie mit
dem Bleistift.

Das ist mein
Bleistift.

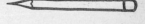

Das ist die Linie.

Jetzt habe ich zwei
Holzstücke.

Ich werde aus diesen
zwei Holzstücken das
Dach machen.

Das wird das Dach
des Hauses sein.

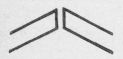

Jetzt werde ich hier
ein Loch durch das
Dach machen.

Der Nagel wird
hier durch das
Loch gehen.

Dieser Nagel
wird durch
das Loch gehen.

Das sind Nägel.

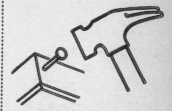

Das ist ein Hammer.

Jetzt macht Wilhelm
das Loch für den Nagel.

Er wird einen Hammer
nehmen.

Er gibt dem Nagel
einen Schlag mit dem
Hammer.

Jetzt sind zwei Nägel
im Dach.

Das Dach ist fertig.

Hier sind zwei Stützen
für das Dach.

Anna sagt:
„Wirst Du eine andere
Stütze in die Mitte
machen?"

„Ja, ich werde eine
andere Stütze in die
Mitte machen.

Sie wird hier sein,

in der Mitte.

Ja, das ist besser!"

Das ist eine gerade
Linie.

Das ist
das eine
Ende der
Linie.

Das ist das
andere Ende.

Das
ist die
Mitte der Linie.

Das ist eine krumme
Linie.

Das wird besser sein.
Die Stütze in der
Mitte wird das Dach
stärker machen.

„Hat der Rock einen Kragen?"

„Ja, er hat einen. Hier ist der Kragen."

Das ist die Vorderseite des Rocks.

Das ist der Kragen des Rocks.

Das ist der Rücken des Rocks.

Das ist eine Seite des Rocks.

Hier ist eine Tasche. Es ist eine Rocktasche.

Hier ist die andere
Seite des Rocks.

Hier ist die andere
Rocktasche.

Das ist
die rechte
Seite.

Das ist
die linke
Seite.

Hier sind die Ärmel
des Rocks.

Der
rechte
Ärmel.

Der
linke
Ärmel.

Das sind die Knöpfe
des Rocks.

Das ist ein Knopf.

Das ist eine
Nähnadel.

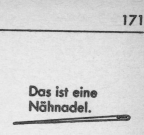

Das ist ein Knopfloch.

Das ist Faden.

Die Nadel geht durch
das Loch des Knopfes.

Jetzt mache ich ein
Knopfloch.

172

Das ist eine Schere.

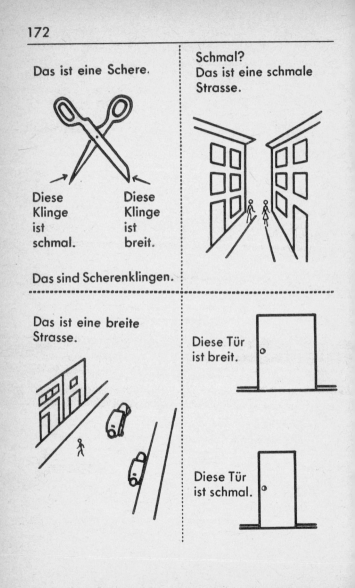

Diese Klinge ist schmal.

Diese Klinge ist breit.

Das sind Scherenklingen.

Schmal?
Das ist eine schmale Strasse.

Das ist eine breite Strasse.

Diese Tür ist breit.

Diese Tür ist schmal.

FRAGEN

a. Das sind zwei Wände.

Welche Wand ist dicker? Ist Wand A oder Wand B dicker?

b. Das sind zwei Schnitte.

Welcher Schnitt ist breiter?
Ist Schnitt A oder Schnitt B breiter?

c. Das sind zwei Nägel.

Welcher Nagel ist länger?

d. Welcher von diesen zwei Männern ist stärker?

e. Welcher von diesen zwei Bleistiften ist kürzer?

f. Welche von diesen zwei Karten ist länger?

Welche ist breiter?

g. Welcher von diesen drei Winkeln ist ein rechter Winkel?

h. Welcher von diesen zwei Hämmern ist grösser?

Die Antworten sind auf Seite 176.

FRAGEN

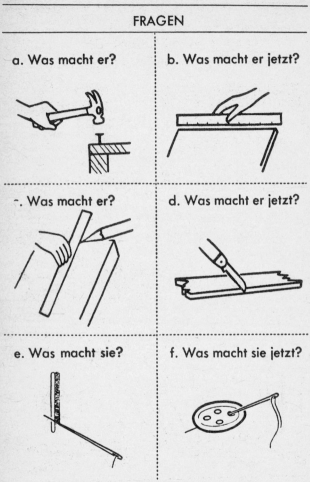

a. Was macht er?

b. Was macht er jetzt?

c. Was macht er?

d. Was macht er jetzt?

e. Was macht sie?

f. Was macht sie jetzt?

Die Antworten sind auf Seite 176.

FRAGEN

1. Was sehen Sie auf diesem Bild?
2. Welche Tiere sehen Sie auf diesem Bild?

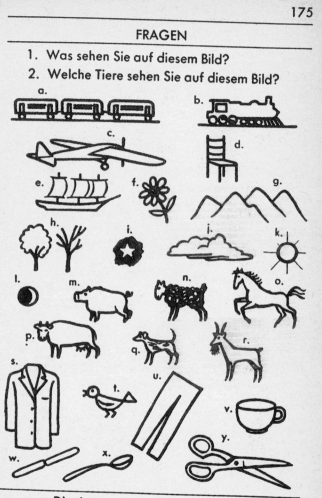

Die Antworten sind auf Seite 176.

Antworten auf die Fragen von Seite 173-175.

Seite 173

a. Wand B ist dicker.

c. Nagel A ist länger.

e. Bleistift B ist
kürzer.

g. Winkel C ist ein
rechter Winkel.

b. Schnitt B ist breiter.

d. Der grosse Mann ist
stärker.

f. Karte B ist länger.
Karte A ist breiter.

h. Hammer B ist grösser.

Seite 174

a. Er gibt dem Nagel einen
Schlag mit dem Hammer.

c. Er macht eine Linie
mit dem Bleistift.

e. Sie macht ein
Knopfloch.

b. Jetzt nimmt er das Mass
von der Schachtel.

d. Jetzt macht er einen
Schnitt mit dem Messer.

f. Jetzt tut sie die Nadel
in das Loch des Knopfes.

Seite 175

1. Ich sehe:

a. einen Zug

c. ein Flugzeug

e. ein Schiff

g. Berge

i. einen Stern

k. die Sonne

m. ein Schwein

o. ein Pferd

q. einen Hund

s. einen Rock

u. eine Hose

w. ein Messer

y. eine Schere

b. eine Lokomotive

d. einen Stuhl

f. eine Blüte

h. zwei Bäume

j. eine Wolke

l. den Mond

n. ein Schaf

p. eine Kuh

r. eine Ziege

t. einen Vogel

v. eine Tasse

x. einen Löffel

2. Ich sehe: ein Schwein, ein Schaf, ein Pferd, eine Kuh,
einen Hund und eine Ziege.

Die Sonne geht jeden Tag auf und jeden Abend unter.
Ein Tag hat vierundzwanzig (24) Stunden.

Eine Woche hat sieben Tage.
Die sieben Tage der Woche sind:
Sonntag, Montag, Dienstag, Mittwoch, Donnerstag, Freitag und Samstag (oder Sonnabend).

Vier Wochen sind ein Monat.
Ein Monat hat dreissig (30), einunddreissig (31) oder achtundzwanzig (28) Tage.
Zwölf Monate sind ein Jahr.
Ein Jahr hat dreihundertfünfundsechzig (365) Tage.

Hier sind die Namen der zwölf Monate:

Januar	(31)
Februar	(28)
März	(31)
April	(30)
Mai	(31)
Juni	(30)
Juli	(31)
August	(31)
September	(30)
Oktober	(31)
November	(30)
Dezember	(31)

Winter.

Im Winter ist
die Erde kalt.
Der Wind ist kalt.
Die Luft ist kalt.
Der Schnee macht alles
weiss.
Die Tage sind kurz.
Die Bäume haben keine
Blätter.

Frühjahr.

Im Frühjahr kommen
die Blätter aus den
Zweigen.
Pflanzen kommen aus
der Erde.
Im Frühjahr gibt es
viele Blüten.

Sommer.

Im Sommer ist es warm.
Die Luft ist warm.
Es gibt keinen Schnee.
Die Bäume haben
Blätter. Die Tage
sind lang.

Herbst.

Im Herbst fallen die
Blätter von den
Bäumen.
Die Tage sind kürzer,
und die Nächte sind
länger als im Sommer.

Frühjahr, Sommer,
Herbst und Winter sind
Jahreszeiten. Im Winter
ist es kalt.
Der Winter ist eine
kalte Jahreszeit.
Im Sommer ist es warm.
Der Sommer ist eine
warme Jahreszeit.

Die Wintermonate sind:
Dezember, Januar und
Februar.
Die Frühjahrsmonate
sind: März, April und
Mai.
Die Sommermonate
sind: Juni, Juli und
August.
Die Herbstmonate
sind: September,
Oktober und November.

Diese Linie
ist länger als
diese Linie.

Eine Stunde ist
kürzer als zwei
Stunden.
Im Herbst sind die
Tage kürzer als im
Sommer.
Im Sommer sind die
Tage länger als im
Winter.

Eine halbe (½) Stunde
hat 30 Minuten.

Eine Viertelstunde (¼)
hat 15 Minuten.

Eine halbe Stunde
ist länger als eine
Viertelstunde.

Was ist kürzer: eine
Viertelstunde oder
eine halbe Stunde?

Welcher Zeiger ist
kürzer: der
Minutenzeiger oder
der Stundenzeiger?

Das ist ein
Zentimeter (1 cm).

A ⌞—•—⌟

B ⌞—•—•—•—•—⌟

Linie A ist 2 cm lang.
Linie B ist 5 cm lang.
Linie B ist länger
als Linie A.
Linie A ist kürzer
als Linie B.

Das ist ein Meter (1m).

Ein Meter hat hundert
Zentimeter (100 cm).
Das Meter ist ein
Längenmass.
Ein Kilometer (1km)
hat tausend Meter
(1000 m).
1km=1000 m.
1m=100 cm.

Zentimeter, Meter und
Kilometer sind
Längenmasse.
Ein Kilometer ist
länger als ein Meter.
Ein Meter ist länger
als ein Zentimeter.

Ein Zentimeter ist
kürzer als ein Meter.
Ein Meter ist kürzer
als ein Kilometer.
Ein Zentimeter ist ein
kleines Längenmass.
Ein Meter ist ein
grösseres Längenmass
als ein Zentimeter.
Ein Kilometer ist
ein grösseres
Längenmass als
ein Meter.

Was machen diese
zwei Personen?

Sie gehen.

Der Mann geht 6 km
in der Stunde.
Die Frau geht 3 km
in der Stunde.
Der Mann geht schnell.
Die Frau geht langsam.
Sie geht langsamer als
der Mann.
Der Mann geht
schneller als die Frau.

Das ist ein Zug.

Das ist ein Flugzeug.

Flugzeuge sind
schneller als Züge.

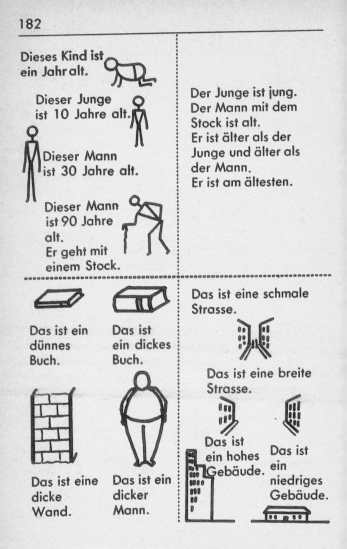

Dieses Kind ist ein Jahr alt.

Dieser Junge ist 10 Jahre alt.

Dieser Mann ist 30 Jahre alt.

Dieser Mann ist 90 Jahre alt.
Er geht mit einem Stock.

Der Junge ist jung.
Der Mann mit dem Stock ist alt.
Er ist älter als der Junge und älter als der Mann.
Er ist am ältesten.

Das ist ein dünnes Buch.

Das ist ein dickes Buch.

Das ist eine dicke Wand.

Das ist ein dicker Mann.

Das ist eine schmale Strasse.

Das ist eine breite Strasse.

Das ist ein hohes Gebäude.

Das ist ein niedriges Gebäude.

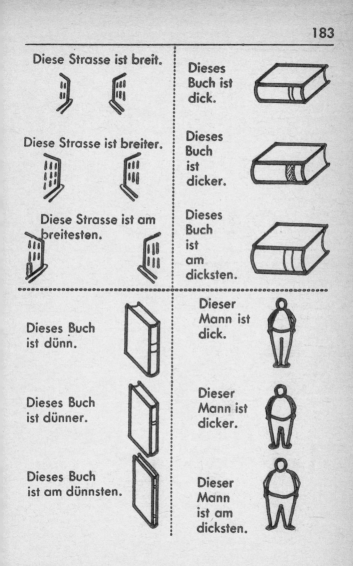

Glas ist hart.

Glas ist härter als Holz.

Holz ist härter als Brot.

Brot ist härter als Butter.

Hier sind drei Personen.

Dieser Mann ist älter als dieser Junge. Dieser Junge ist älter als dieses Kind.

Welche von diesen drei Personen ist am ältesten?

Dieser Mann ist stärker als dieser Junge.

Der Junge ist nicht so stark wie der Mann.

Er ist auch nicht so alt wie der Mann. Der Junge ist jünger als der Mann, aber er ist nicht so stark wie der Mann.

Diese Linie

ist so lang wie diese Linie.

Diese zwei Linien sind gleich lang.

Diese Linie ———

ist nicht so lang wie diese Linie.

Diese zwei Linien sind nicht gleich. Sie sind verschieden.

Ein Zug kann 100 km in der Stunde machen.
Ein Flugzeug kann 500 km in der Stunde machen.
Züge und Flugzeuge sind verschiedene Fahrzeuge.

Hier sind zwei Schiffe.

Schiffe sind auch Fahrzeuge.
Wieviel Kilometer kann ein schnelles Schiff in der Stunde machen?
Ein schnelles Schiff kann 50 km in der Stunde machen.

Hier sind zwei andere Fahrzeuge.

Das sind zwei Autos.

Das ist ein Wagen mit einem Pferd.

Autos und Wagen sind zwei verschiedene Fahrzeuge.

Züge, Schiffe, Autos, Wagen und Flugzeuge sind verschiedene Fahrzeuge.

Das ist eine Karte von Europa.

Die Städte auf dieser Karte
sind: London, Paris, Rom, Madrid, Berlin,
Köln und Bonn.
Die Entfernung zwischen London
und Bonn ist 430 km.
Das ist eine grosse Entfernung.
Die Entfernung zwischen Bonn
und Köln ist 30 km.
Das ist eine kleine Entfernung.

Das ist eine Karte von Deutschland.

Die Entfernung zwischen Köln und Bonn ist 30 km.

Die Entfernung zwischen London und Bonn ist 430 km. Das ist eine grosse Entfernung. Es ist eine grössere Entfernung als die Entfernung zwischen Köln und Bonn.

Die Entfernung zwischen Köln und Bonn ist 30 km. Bonn ist nahe bei Köln. Die Entfernung zwischen ihnen ist klein.

Die Entfernung zwischen London und Bonn ist 430 km. Bonn ist weit von London. Die Entfernung zwischen ihnen ist gross.

Bonn ist nahe bei Köln.
Die Entfernung
zwischen Bonn und
Köln ist kleiner als
die Entfernung
zwischen Bonn und
London.

Köln ist weit von
London.
Köln ist weiter von
London als von Bonn.
Die Entfernung
zwischen Köln und
London ist grösser als
die Entfernung
zwischen Köln und
Bonn.

Wie weit ist Bonn
von Köln?
30 km.
Ist das eine grosse
Entfernung?
Nein, das ist keine
grosse Entfernung.
Es ist eine kleine
Entfernung.
Bonn ist nahe bei Köln.
Wie weit ist Paris
von Köln?
322 km.
Das ist eine grosse
Entfernung.

Wie weit ist Bonn von
London?
430 km.
Wie weit ist Rom von
London?
1200 km.
Die Entfernung
zwischen London und
Rom ist grösser als
die Entfernung
zwischen London und
Bonn.
London ist weiter von
Rom als von Bonn.

Das ist eine Stadt.

London, Paris, Rom und
Berlin sind Städte.
London ist in England.
Berlin ist in
Deutschland.
Rom ist in Italien.
England, Deutschland
und Italien sind
Länder.

Das ist ein Fluss.

Der Rhein, die Themse
und der Mississippi
sind Flüsse.

Das sind Berge.

Das Auto
ist auf
der Strasse.

Das sind
Strassen.

Das sind
Flüsse.

Das Schiff ist
auf dem Fluss.

Die Insel
ist im
Fluss.

Das ist die Erde.

Städte, Berge, Flüsse
und Inseln sind auf
der Erde.
Wir sehen die Erde
von Norden.
Auf dieser Seite der
Erde sehen wir mehr
Land als Wasser.

Jetzt sehen wir die
Erde von Süden.

Auf dieser Seite sehen
wir mehr Wasser als
Land.

Das ist der Mond.

Der Mond geht in
einem Monat um die
Erde.

Sehen wir die andere
Seite des Mondes?
Nein.

Wir sehen immer
die gleiche Seite des
Mondes.

Der Mond geht um
die Erde, und die Erde
geht um die Sonne.

Die Sonne gibt dem
Mond Licht.
Der Mond bekommt
das Licht von der
Sonne.

Wenn die Erde
zwischen dem Mond
und der Sonne ist,
bekommt der Mond
kein Licht.
Dann ist er dunkel.
Wenn der Mond dunkel
ist, sehen wir ihn nicht.

Wir sehen immer die
gleiche Seite des
Mondes.
Manchmal sehen wir
den Mond so.

Die eine Hälfte des
Mondes ist dunkel.
Die andere Hälfte ist
hell.
Das ist Halbmond.

Manchmal sehen wir
den Mond so.

Ein Viertel des Mondes
ist hell, und drei
Viertel sind dunkel.

Manchmal sehen wir
den Mond so.
Das ist Neumond.

Und manchmal sehen
wir den Mond so.
Das ist Vollmond.

Das ist ein
neuer Hut.

Das ist ein
alter Hut.

Dieses Glas
ist voll.

Dieses Glas
ist nicht
voll.

Neumond.

Halbmond.

Vollmond.

Eine
Viertelstunde.

Eine halbe
Stunde.

Eine Dreivier-
telstunde.

Eine volle
Stunde.

FRAGEN

a. Hier sind zwei
Personen: ein
Mädchen und ein
alter Mann.

Ist das Mädchen älter
als der Mann?
Ist der Mann jünger
als das Mädchen?

b. Wer ist weiter
vom Baum: der
Junge oder das
Mädchen?

c. Hier sind drei
Gebäude.

Ist Gebäude A höher
als Gebäude B?
Ist Gebäude C höher
als Gebäude B?
Welches Gebäude ist
am höchsten?

d. Welche Stadt ist
weiter von Köln:
Bonn oder London?

Die Antworten sind auf Seite 195.

FRAGEN

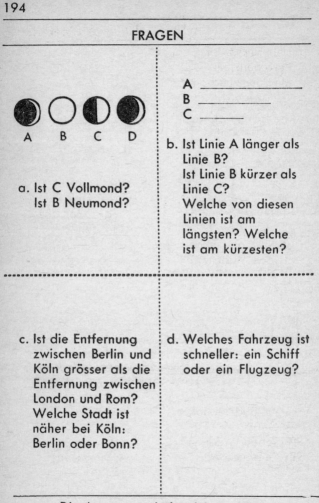

A _____
B _____
C ____

a. Ist C Vollmond?
   Ist B Neumond?

b. Ist Linie A länger als
   Linie B?
   Ist Linie B kürzer als
   Linie C?
   Welche von diesen
   Linien ist am
   längsten? Welche
   ist am kürzesten?

c. Ist die Entfernung
   zwischen Berlin und
   Köln grösser als die
   Entfernung zwischen
   London und Rom?
   Welche Stadt ist
   näher bei Köln:
   Berlin oder Bonn?

d. Welches Fahrzeug ist
   schneller: ein Schiff
   oder ein Flugzeug?

Die Antworten sind auf Seite 195.

Antworten auf die Fragen von Seite 193-194.

Seite 193

a. Nein, das Mädchen
ist nicht älter als
der Mann.
Nein, der Mann ist
nicht jünger als das
Mädchen; er ist älter.

b. Das Mädchen ist
weiter vom Baum.

c. Ja, Gebäude A ist
höher als Gebäude B.
Nein, Gebäude C ist
nicht höher als
Gebäude B. Gebäude
A ist am höchsten.

d. London ist weiter
von Köln.

Seite 194

a. Nein. C ist Halbmond.
Nein. B ist Vollmond.

c. Nein, die Entfernung
zwischen Berlin und
Köln ist nicht grösser
als die Entfernung
zwischen London und
Rom. Sie ist kleiner.
Bonn ist näher bei
Köln.

b. Ja, Linie A ist
länger als Linie B.
Nein, Linie B ist nicht
kürzer als Linie C.
Linie A ist am längsten.
Linie C ist am
kürzesten.

d. Das Flugzeug ist
ein schnelleres
Fahrzeug als das
Schiff.

Wie lang ist eine Linie durch die Erde von Norden nach Süden?

Eine Linie durch die Erde von Norden nach Süden ist 13.000 (dreizehntausend) km. lang.

Wie gross ist die Entfernung zwischen der Erde und dem Mond? 385.000 km. (Dreihundertfünfundachtzigtausend Kilometer).

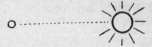

Wie gross ist die Entfernung zwischen der Erde und der Sonne? 150.000.000 km. (Hundertfünfzig Millionen Kilometer).

Was hat er in der Hand?
Einen Ball.

Der Ball ist klein. Seine Form ist rund. Die Form der Sonne ist auch rund, aber die Sonne ist ein grosser Ball.

Das ist Feuer.

Die Sonne ist ein grosser Feuerball.

Ein Ball ist rund. Die Erde ist auch rund. Die Sonne und der Mond sind auch rund.

Feuer gibt Wärme.
Die Sonne gibt auch
Wärme.
Der Mond gibt keine
Wärme.
Der Mond ist ein
grosser Himmelskörper.
Die Erde ist grösser
als der Mond.
Die Sonne ist grösser
als der Mond und
grösser als die Erde.

Die Sonne ist weit
von der Erde.

Welche Stadt auf dieser
Karte ist weit von Bonn?

Das sind drei Sterne.
Sind die Sterne kleiner
als die Sonne?
Nein, viele Sterne sind
grösser als die Sonne.
Sind die Sterne näher
bei der Erde als die
Sonne?
Nein, sie sind weiter
von der Erde als die
Sonne.

Die Sonne gibt Licht
und Wärme.
Gibt der Mond Wärme?
Nein, der Mond gibt
keine Wärme.

Das ist eine Flamme.

Flammen geben Licht.

Die Sonne
gibt auch
Licht.

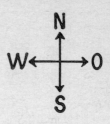

Das Licht der Sonne
geht in alle
Himmelsrichtungen.

Die vier
Himmelsrichtungen
sind: Osten, Westen,
Süden und Norden.
Die Sonne geht im
Osten auf und im
Westen unter.

Das sind auch
Richtungen.
Diese Strassen gehen in
verschiedene
Richtungen

Das ist die
Richtung
nach Bonn.

Das ist die
Richtung
nach
Hamburg.

Hier sind zwei
andere Richtungen.

Der Mann geht die
Treppe hinauf.
Er geht hinauf.

Die Frau geht die
Treppe hinunter.
Sie geht hinunter.
„Hinauf" und
„hinunter" sind zwei
verschiedene Richtungen.

Hier sehen Sie zwei Männer.

Das ist eine Waage.

Dieser Mann ist dick.

Dieser Mann ist dünn.

Was ist ein Gewicht?

Der dünne Mann ist auf der Waage. Sein Gewicht ist 100 Pfund.

Das Gewicht des dünnen Mannes ist niedrig.

Jetzt ist der dicke Mann auf der Waage. Sein Gewicht ist 200 Pfund.

Das Gewicht des dicken Mannes ist hoch.

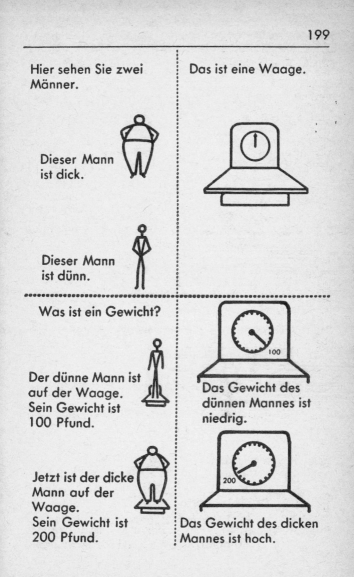

Was hat dieser Mann
in der Hand?

Er hat einen Schirm
in der Hand.
Es ist ein Regenschirm.
Der Regenschirm des
Mannes ist offen.
Warum?

Weil es regnet.
Das Wasser, das aus
den Wolken auf die
Erde fällt, ist Regen.
Wenn es regnet,
machen wir die Schirme
auf.

Gestern regnete es
nicht. Es waren keine
Wolken am Himmel.
Der Himmel war blau.
Die Sonne war hell. Die
Luft war warm. Gestern
war das Wetter schön.

Heute ist das Wetter
nicht schön.
Grosse, dunkle Wolken
sind am Himmel.
Wir sehen die Sonne
nicht. Es regnet, und wir
machen die Schirme auf.
Heute ist das Wetter
schlecht.

Es regnet.

Es regnet.

Diese Frau hat
keinen Schirm.
Ihr Kopf und ihr
Kleid sind nass.

Diese Personen haben
keine Schirme.
Ihre Köpfe und
Kleider sind nass.
Wenn es regnet, und
wir keinen Schirm
haben, sind unsere
Kleider nass.

Schönes
Wetter.

Schlechtes Wetter.

Gestern war das
Wetter schön.
Es waren keine
Wolken am Himmel.
Die Sonne war hell.
Es war warm, und die
Vögel waren auf den
Bäumen.

Heute ist das Wetter
schlecht.
Es regnet.
Es ist kalt und sehr
windig.
Der Wind nimmt mir
den Hut vom Kopf und
den Schirm aus der
Hand.

Wie wird das Wetter morgen sein?
Vielleicht wird es schlechter sein als heute.
Vielleicht wird es kälter sein als heute.
Vielleicht wird das Wetter so sein wie im Winter.

Auf diesem Bild sehen wir, wie das Wetter
im Winter ist.
Alles ist weiss.
Der Schnee macht alles weiss.
Im Winter ist es kalt.
Vielleicht wird das Wetter morgen so sein.

Vielleicht wird das Wetter morgen schön sein.
Vielleicht wird es wärmer sein als heute.
Vielleicht wird das Wetter so sein wie
auf diesem Bild.

Was sehen Sie auf diesem Bild?
Wie ist das Wetter auf diesem Bild?

Heute ist es sehr kalt.
Diese zwei Männer haben ein grosses Feuer gemacht.

Das ist Rauch.

Feuer gibt Wärme.
Feuer ist sehr nützlich.

Das Rad ist auch ein sehr nützliches Ding.

Das ist ein Rad.

Das sind Räder.

Räder sind rund.

Züge, Autos, Wagen und andere Fahrzeuge haben Räder.

Kleider sind auch sehr nützliche Dinge.

Hier sind drei verschiedene Kleidungsstücke.

 Ein Rock.

Ein Frauen-rock.

Ein Hemd.

Kleidungsstücke sind aus Stoff gemacht.
Stoffe sind aus Faden gemacht.

Das sind Fäden.

Das sind andere Fäden.

Das sind dicke
Fäden.

Das sind dünne
Fäden.

Das ist Stoff.

Das ist eine Rolle Stoff.
Wir machen
Kleidungsstücke aus
Stoff, und wir machen
Stoff aus Faden.
Wir machen Faden
aus Wolle.

Das ist Wolle.

Es ist Schafwolle.

Das sind Schafe.
Schafe geben Wolle.

Das ist
ein
Schaf.

Das ist
seine
Wolle.

Schafwolle ist dick
und warm.
Kleidungsstücke aus
Schafwolle sind sehr
warm.
Schafwolle ist wärmer
als Baumwolle.

Wir bekommen
Baumwolle von einer
Pflanze.

Das ist die Pflanze,
von der wir Baumwolle
bekommen.

Wir bekommen Seide
vom Seidenwurm.

Das ist ein
Seidenwurm.

Diese drei
Kleidungsstücke sind
aus verschiedenen
Stoffen gemacht.

Der Stoff der Hose ist
aus Wolle gemacht.
Es ist ein Wollstoff.
Der Stoff des Rocks
ist aus Baumwolle
gemacht.
Das Hemd ist aus
Seide gemacht.
Es ist ein Seidenhemd.

Wir machen Stoffe aus
Schafwolle, Baumwolle
und Seide.
Stoffe aus Schafwolle
sind wärmer als Stoffe
aus Baumwolle.

Was macht dieser
Mann?

Das sind Schuhe.

Das sind Stiefel.

Er arbeitet mit
einem Hammer.
Er macht Schuhe.
Er ist Schuhmacher.

Der Schuhmacher
macht Schuhe und
Stiefel.
Das ist seine Arbeit.

Was macht dieser
Mann?

UHRMACHER

Was macht diese Frau?

Er macht Uhren.
Er ist Uhrmacher.

Sie arbeitet im Haus.
Sie macht ihre
Hausarbeit.

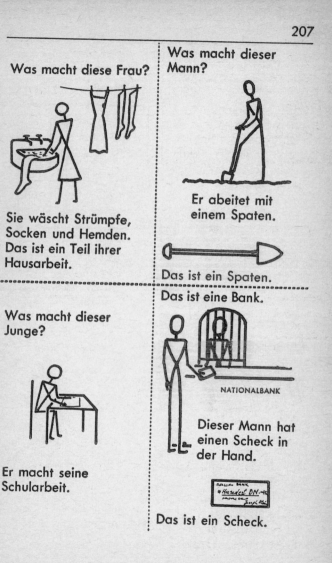

Was macht diese Frau?

Sie wäscht Strümpfe, Socken und Hemden. Das ist ein Teil ihrer Hausarbeit.

Was macht dieser Junge?

Er macht seine Schularbeit.

Was macht dieser Mann?

Er abeitet mit einem Spaten.

Das ist ein Spaten.

Das ist eine Bank.

NATIONALBANK

Dieser Mann hat einen Scheck in der Hand.

Das ist ein Scheck.

Das ist ein Konto.

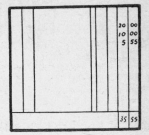

Viele Personen haben einen Teil ihres Geldes auf der Bank. Wenn sie ihr Geld auf der Bank haben, haben sie ein Konto.

Das sind Kontobücher. Banken und Kaufhäuser haben Kontobücher.

Das ist ein offenes Kontobuch.
Das sind die Seiten des Kontobuchs.

Haben Sie Geld auf der Bank?
Haben Sie ein Konto?
Wieviel Geld haben Sie auf der Bank?

Das ist ein Bauernhof.

Das ist ein Bauer.
Er arbeitet mit dem
Pflug.

Das ist
ein Pflug.

Der Bauer arbeitet
auf dem Feld.

Das ist ein Feld.

Der Bauer abeitet mit
einem Pflug und einem
Pferd. Das ist ein Teil
seiner Feldarbeit.

Bauern haben Pferde,
Kühe, Schweine,
Schafe, Ziegen und
andere Tiere auf ihren
Bauernhöfen.

Dieser Mann kann
nicht sehen.

Wie kann er mit den
Fingern lesen?
Was für ein Buch ist
das?

Er kann nicht sehen,
aber er kann lesen.
Er liest mit den Fingern.

Das ist ein Braillebuch.

Das sind Wörter in
einem Braillebuch.

Dieser Mann kann
sehen.
Er liest mit den Augen.
Er liest nicht mit
den Fingern.

Eine Person, die nicht
sehen kann, liest mit
den Fingern.

Was hat er vor den
Augen?
Augengläser.

Was machen wir mit
den Augen?

Wir sehen.

Was machen wir mit
den Ohren?

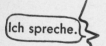

Wir hören.
Dieser Mann hört Musik.

Was machen wir mit
den Beinen?

Wir gehen.

Was machen wir mit
dem Mund?

Wir sprechen mit
dem Mund.
Diese Person spricht.
Sie sagt:

Ich spreche.

Diese Person spricht
nicht.

Sie nimmt eine Kartoffel
in den Mund.

Wir hören mit den
Ohren und sehen mit
den Augen.
Nicht alle Personen
können sehen.
Viele Personen sehen
nicht gut.
Personen, die nicht
gut sehen, haben
Augengläser.

FRAGEN

a. Was macht der
   Schuhmacher?

b. Welche Fahrzeuge
   haben Räder?

c. Was ist wärmer:
   Schafwolle oder
   Baumwolle?

d. Was machen wir mit
   den Augen?

e. Können alle Personen
   sehen?

f. Wie lesen die
   Personen, die nicht
   sehen können?

g. Was haben
   Personen, die nicht
   gut sehen, vor den
   Augen?

h. Bekommen wir Seide
   von einer Pflanze
   oder von einem Tier?

Die Antworten sind auf Seite 214.

Was sehen Sie hier?

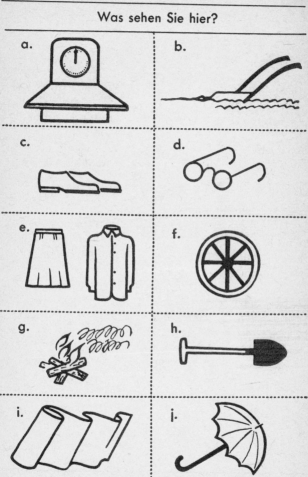

Die Antworten sind auf Seite 214.

Seite 212

a. Der Schuhmacher macht Schuhe und Stiefel.

b. Züge, Autos, Wagen und andere Fahrzeuge haben Räder.

c. Schafwolle ist wärmer als Baumwolle.

d. Wir sehen mit den Augen.

e. Nein, nicht alle Personen können sehen.

f. Personen, die nicht sehen können, lesen mit den Fingern.

g. Personen, die nicht gut sehen, haben Augengläser.

h. Wir bekommen Seide von einem Tier, nicht von einer Pflanze.

Seite 213

Ich sehe:

a. eine Waage.

b. einen Pflug.

c. Schuhe.

d. Augengläser.

e. einen Frauen-rock und ein Hemd.

f. ein Rad.

g. Holz, Feuer und Rauch.

h. einen Spaten.

i. eine Rolle Stoff.

j. einen Schirm.

Wir sehen mit den
Augen.
Wir hören mit den
Ohren.
Sehen und Hören sind
zwei Sinne einer
Person.

Der Geschmack ist
auch ein Sinn.

Der Geschmackssinn
ist in der Zunge.

Das ist die Zunge
eines Mannes.

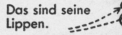

Das sind seine
Lippen.

Der Sinn für den
Geschmack ist in der
Zunge.

Was sehen Sie auf
diesem Teller?

Ich sehe weisses Pulver.
Es kann Salz sein, aber
es kann auch Zucker
sein.

Die Frau tut etwas
Pulver auf die Zunge.

Sie sagt: „Es ist Salz."

Wir bekommen Salz
aus dem Meer.

Wir bekommen auch
Salz aus Salzgruben.

Das Wasser im Meer
ist salzig.

Das ist eine Salzgrube.

Wir bekommen Zucker
von Pflanzen.
Wir bekommen ihn aus
den Stielen verschie-
dener Pflanzen.

Wir bekommen auch
Zucker aus den
Wurzeln
verschiedener
Pflanzen.

Zucker ist weisses
Pulver und Salz ist
auch weisses Pulver,
aber ihr Geschmack
ist verschieden.

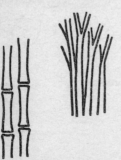

Das ist eine Orange.

Das ist ein Kuchen.

Das ist die Schale
der Orange.

Dieser Kuchen ist mit
Zucker gemacht.
Kuchen, mit Zucker
gemacht, sind süss.

Der Geschmack der
Orange ist süss.
Die Orange ist süss,
aber ihre Schale
ist nicht süss.
Sie ist bitter.

Zucker hat einen süssen
Geschmack.
Salz hat einen salzigen
Geschmack.

Aber für die Zunge
sind sie verschieden.

Zucker ist süss.
Salz ist salzig.

Salzig!

Für das Auge sind
Zucker und Salz gleich.

Süss!

Was machen wir mit
der Nase?
Wir riechen.

Diese Frau hat eine
Blume in der Hand.

Sie riecht die Blume.
Die Blume riecht gut.
Der Geruch der Blume
ist gut.

Diese Blumen sind
in einem Garten.

Das ist Gras.

Die Blumen im Garten
riechen gut.

Viele Blumen haben
keinen Geruch.

Das sind Schweine.
Sie sind schmutzig.

Schmutzige Schweine
riechen nicht gut.

Das ist
Rauch.

Das ist
Feuer.

Der Rauch des Feuers
riecht nicht gut.

Dieser Mann hat eine
Pfeife im Mund.

Der Rauch seiner
Pfeife riecht gut.

Wir sehen verschiedene
Dinge mit den Augen.
Wir sehen die Form
und die Grösse der
Dinge.

Wir sehen auch die
Farbe der verschie-
denen Dinge.

Die Farbe des Grases
im Frühjahr ist grün.
Auch die Blätter sind
grün.

Das sind einige
Farben:

grün	rot
blau	gelb
weiss	schwarz
grau	braun

Im Herbst sind die
Blätter gelb, braun
oder rot.

Der Himmel ist blau.

Die Sonne ist gelb.

Manchmal,
wenn sie
aufgeht

oder

untergeht,
ist sie
rot.

Wenn das Wetter schön
ist, ist der Himmel blau.
Die Wolken sind weiss
oder grau.

Die Flamme
ist gelb.

Wir sehen die Form,
die Grösse und die
Farbe verschiedener
Dinge.
Aber die Dinge sind
nicht immer so, wie
wir sie sehen.
Manchmal scheinen
uns verschiedene
Dinge grösser oder
kleiner als sie sind.

Dieser Mann
ist gross.

Dieser Mann ist
klein.

Das ist eine
grosse Frau.

Das ist eine
kleine Frau.

Hier sind zwei Männer.

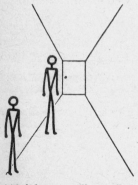

Welcher von ihnen ist
grösser?

Der Mann, der näher
bei der Tür ist,
scheint grösser.
Er scheint grösser,
aber er ist nicht
grösser.
Die zwei Männer sind
gleich gross.
Warum scheint der eine
grösser als der andere?
Weil die Linien auf
dem Bild ihn für das
Auge grösser machen.

Ein anderer Sinn ist
der Sinn für Wärme
und Kälte.

Hören, Sehen und
Riechen sind drei Sinne.
Der Geschmack ist
auch ein Sinn.
Es gibt auch andere
Sinne.

Hier sehen Sie drei
Eisstücke im Wasser.

Das Wasser ist sehr kalt.

Das Wasser in diesem
Topf ist sehr warm.

Aus dem Topf kommt
Dampf.

Hier sind drei Becken.

Das Wasser in Becken A
ist sehr warm.
Das Wasser in Becken C
ist sehr kalt.
Das Wasser in Becken B
ist weder kalt noch
warm.

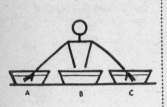

Jetzt tue ich die
Hände in Becken A
und C.
Die rechte Hand ist
im warmen Wasser.
Die linke Hand ist
im kalten Wasser.

Jetzt tue ich die
Hände zusammen in
Becken B.

Das Wasser in Becken B
ist weder kalt noch
warm, aber es scheint
der rechten Hand kalt
und der linken Hand
warm.
Es ist das gleiche
Wasser, aber es scheint
der rechten Hand kalt
und der linken Hand
warm.
Warum?

Weil die rechte Hand
im warmen Wasser war,
und die linke Hand im
kalten Wasser, bevor
ich sie in Becken B tat.

Was macht dieser Mann?

Er gibt dem Nagel einen Schlag mit dem Hammer.

Das ist sein Hammer.

Das sind Nägel verschiedener Grösse.

Ein Schlag mit dem Hammer ist ein Hammerschlag.

Er gibt dem Nagel viele Hammerschläge.

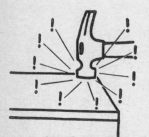

Die Hammerschläge machen ein Geräusch. Sie machen ein sehr lautes Geräusch.

Sie hat die Hände an den Ohren. Sie sagt:

Welch ein Geräusch!

Kanonen machen sehr
laute Geräusche.

Das sind
Kanonen.

Kanonen machen
lautere Geräusche als
Revolver.

Das ist
ein Revolver.

Das ist eine Pfeife.

Es ist eine
Dampfpfeife.
Sie macht ein
lautes Geräusch.

Dieser Junge
hat eine
Taschen-
pfeife.

Das Geräusch einer
Taschenpfeife ist nicht so
laut wie das Geräusch
einer Dampfpfeife.

Das ist Musik.

Das ist
Gesang.

Das sind Noten.
Das ist eine
hohe Note.

Das ist eine tiefe
Note.

Das sind hohe
Berge.

Das sind tiefe Gruben.

Sie gehen tief in die
Erde.

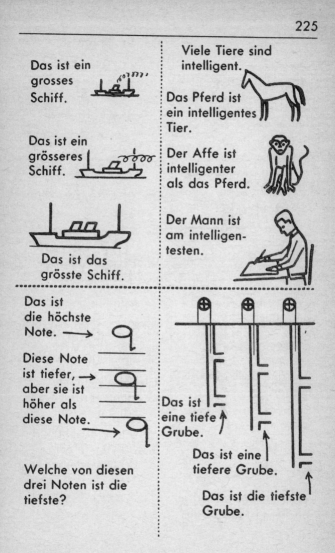

Das ist ein grosses Schiff.

Das ist ein grösseres Schiff.

Das ist das grösste Schiff.

Viele Tiere sind intelligent.

Das Pferd ist ein intelligentes Tier.

Der Affe ist intelligenter als das Pferd.

Der Mann ist am intelligentesten.

Das ist die höchste Note. →

Diese Note ist tiefer, → aber sie ist höher als diese Note. →

Welche von diesen drei Noten ist die tiefste?

Das ist eine tiefe Grube.

Das ist eine tiefere Grube.

Das ist die tiefste Grube.

226

Die Arbeit des Bauers ist nützlich.

Ist die Arbeit des Bauers nützlicher als die Arbeit des Mannes in der Bank?

Das ist ein gutes Buch.

Das sind auch gute Bücher.

Welches von den drei Büchern ist das beste?

Das ist ein grosses Feuer.

Das ist ein grösseres Feuer.

Das ist das grösste Feuer.

Ich habe 100 DM.
Er hat 1.000 DM.
Sie hat 5.000 DM.

Ich habe viel Geld.
Er hat mehr als ich, sie hat am meisten.

100 DM—viel Geld.
1.000 DM—mehr
5.000 DM—am meisten.

Sie ist vor dem Spiegel.

Sie sieht sich im
Spiegel.
Sie ist froh.

Sie ist immer froh,
wenn sie sich im
Spiegel sieht.

Warum?

Weil es für sie ein
Genuss ist, sich im
Spiegel zu sehen.
Sie ist schön.

Sie sieht, dass sie
schön ist.

Er ist vor dem Spiegel.

Er sieht sich auch
im Spiegel, aber er
ist nicht froh.
Für ihn ist es kein
Genuss, sich im
Spiegel zu sehen.
Es ist ein Schmerz
für ihn.
Warum?
Ist er schön?

228

"Genuss"? Was ist das?
"Schmerz"? Was ist das?

Hier ist
ein Nagel.

Tun Sie
Ihren
Finger
auf den
Nagel,
und ich
werde
ihm
einen
Hammer-
schlag
geben.

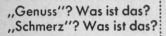

Tun Sie Ihren Finger
in die Flamme!
Nein, das tue ich nicht.
Warum?

"Schmerz" ist das
Gegenteil von
"Genuss".

Gegenteil?

"Gross" ist das
Gegenteil von "klein".

O nein! Das tue ich
nicht. Jetzt sehe ich,
was "Schmerz" ist.

"Kalt" ist das
Gegenteil von "warm".

"Viel" ist das
Gegenteil von "wenig".

Schönes Wetter.

Schlechtes Wetter.

Es ist ein schöner Tag.
Die Luft ist warm.
Die Sonne ist hell.
Der Himmel ist blau.
So ein schöner Tag
ist ein Genuss.

Es regnet.
Der Mann und das
Mädchen sind nass.
Es ist windig und
kalt.
So ein Wetter ist kein
Genuss.

„Hell" ist das Gegenteil
von „dunkel".

„Weiss" ist das
Gegenteil von
„schwarz".

„Warm" ist das
Gegenteil von „kalt".

Was ist das Gegenteil
von „schnell"?
Was ist das Gegenteil
von „dick"?

Welches von
diesen zwei
Gebäuden ist
hoch?

Welches ist
niedrig?

Was ist das Gegenteil
von „schmal"?

Ist diese Strasse
schmal oder breit?

Er kommt
ins Zimmer.

Er geht
aus dem
Zimmer.

„Kommen" ist das
Gegenteil von
„gehen".

„Das Erste" ist das
Gegenteil von „das
Letzte".

Seite 1 ist die erste
Seite des Buchs.

Seite 100 ist die
letzte Seite.

Die anderen Seiten
sind zwischen der
ersten und der letzten
Seite des Buchs.

Wenn ich ihr sage, daß
sie schön ist, ist sie
froh.

Sie sieht sich im
Spiegel.
Sie sieht, dass sie
schön ist.
Sie ist froh.
Warum ist sie froh?
Sie ist froh, weil
sie schön ist.

Sie hat ein Lächeln auf
den Lippen.
Warum?

Ist sie schön?

Weil sie froh ist.
Warum ist sie froh?
Weil sie schön ist.
Was sagte der Mann?
Er sagte: „Sie sind
schön.''

Sehen Sie das Lächeln
auf ihren Lippen?

Sie sagt:

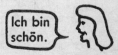

Das ist ein Bild von Leonardo da Vinci.

Sehen Sie ihr Lächeln?

Das ist die Mona Lisa.

Das ist das Lächeln der Mona Lisa.
War die Mona Lisa eine schöne Frau?

Ich habe meine Meinung von der Schönheit dieser Frau.

Er hat seine Meinung.

Verschiedene Personen haben verschiedene Meinungen.
Vielleicht war die Mona Lisa eine schöne Frau.
Vielleicht war sie nicht schön.
Es gibt kein Mass für Schönheit.

Dieser Mann ist am
Meer.

Genuss und Schmerz
sind Gefühle.
Wir haben verschiedene
Gefühle.
Im Sommer fühlt unser
Körper die Wärme.
Im Winter fühlt er die
Kälte.

Er fühlt die Wärme der
Sonne.
Sein Stuhl ist auf
dem Sand.
Der Sand ist warm.
Die Luft ist auch warm.
Ein schöner, warmer Tag
am Meer ist ein Genuss.

Jetzt ist er im Meer.
Das Meer ist kalt und
salzig.

Er fühlt die Kälte
des Meerwassers.
Das Schwimmen im
Meer ist für ihn
ein Genuss. Er ist froh.

Jetzt ist er wieder
auf seinem Stuhl.
Er fühlt wieder die
Wärme der Sonne.
Nach dem Schwimmen
ist die Wärme der
Sonne für ihn ein
Genuss.

Das ist ein lächelnder
Mund.

Das ist ein breites
Lächeln.

Das ist Anna.
Sie hat ein breites
Lächeln auf den
Lippen. Sie ist froh.

Weil sie einen Schmerz
im Knie fühlt.

Das ist ihr
Knie. ———>

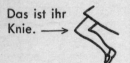

Warum fühlt sie einen
Schmerz im Knie?

Weil sie mit den Knien
auf den Boden fiel.

Sie fällt.

Ist sie jetzt froh?

Nein, sie ist nicht
froh.
Sie hat Tränen in den
Augen.

Warum hat sie Tränen
in den Augen?

Ist Anna jetzt froh?

Nein.
Hat sie ein Lächeln
auf den Lippen?
Nein.
Warum?

Weil sie einen
Schmerz im Knie
fühlt.

Jungen und Mädchen
gehen in die Schule.
Sie lernen dort.
Sie lernen lesen,
schreiben und
verschiedene andere
Dinge.

Können Sie lesen?
Können Sie schreiben?

Lernen wir auch, wenn
wir nicht mehr in die
Schule gehen?
Ja, wir lernen immer.
Wir lernen jeden Tag.
Wie lernen wir?

Wir lesen Bücher
und Zeitungen, und
wir bekommen
Antworten auf unsere
Fragen.
Sind die Antworten
auf unsere Fragen
immer richtig?

Was ist „richtig"?
2+2=4 Das ist richtig.
2+2=5 Das ist nicht
         richtig.
         Das ist falsch.

Die Antworten auf
unsere Fragen sind
nicht immer richtig.

Können wir sagen:
2+6=9?
Ja, wir können es
sagen, aber es ist
nicht richtig.
Es ist falsch.
2+6=8 Das ist
richtig.

Dieser Mann geht zum
Bahnhof.
Er hat seine
Reisetasche in der
Hand.

Das ist ein Weg.

„Ist das der richtige
Weg zum Bahnhof?"

„Nein. Der Weg zum
Bahnhof ist dort."

„Nehmen Sie die erste
Strasse rechts!"

Wir bekommen unsere
Bildung auf
verschiedenen Wegen.
Wir lernen viel in der
Schule, wir sehen
verschiedene Dinge,
wir hören,
was andere Personen
sagen, wir sprechen
mit anderen Personen,

wir lesen verschiedene
Bücher und wir
bekommen Antworten
auf unsere Fragen.

Lesen, Sehen, Hören
und Lernen sind
verschiedene Wege
zur Bildung.

Personen, die Bildung
haben, sind nützlicher
als Personen, die keine
Bildung haben.

Das ist ein Junge.

Der Junge ist im Bett.

Er war ein Kind.

Er geht jeden Abend um 8 Uhr zu Bett.

Er wird ein Mann sein.

Um 7 Uhr morgens geht er ins Badezimmer.

Um 8 Uhr kommt er ins Zimmer.

Er geht die Treppe hinunter.

Er sagt: „Guten Morgen, Mutter! Guten Morgen, Vater!"

Er wäscht sich.

Um 9 Uhr geht er in die Schule.

In der Schule sieht er seine Freunde

 und macht seine Schularbeit.

Seine Gedanken sind bei der Arbeit.

Sie sind nicht beim Ballspiel.

Nach der Schule kommt das Ballspiel.

Er gibt dem Ball einen Schlag.

Am Abend geht er nach Hause.

Hier ist er wieder bei seiner Familie.

INDEX

241

INDEX

INDEX

253

INDEX